Inhalt

100% übersichtlich

Erleben Sie 100% Neapel auf sechs Spaziergängen. Jedes Kapitel im 100% Cityguide ist einem Spaziergang gewidmet. Am Kapitelende gibt es eine Karte mit der Kurzbeschreibung des Spaziergangs. Auf der Karte in der vorderen Umschlagklappe sehen Sie die drei Kartenausschnitte im Überblick. Dort finden Sie anhand der Buchstaben Ⓐ bis Ⓩ alle Hotels sowie die Sehenswürdigkeiten und Ausgehtipps, die nicht auf einem der Spaziergänge liegen.

In den sechs Kapiteln beschreiben wir ausführlich, welche Sehenswürdigkeiten Sie auf den Spaziergängen entdecken können und wo man gut essen, trinken, shoppen, feiern und relaxen kann. Alle Adressen sind mit einer Nummer ① gekennzeichnet, die Sie im Stadtteilplan am Ende des Kapitels wiederfinden. An der Farbgebung der Nummer können Sie erkennen, zu welcher Kategorie die jeweilige Adresse gehört:

Sehenswürdigkeiten	Shoppen
Essen & Trinken	Neapel live

SECHS SPAZIERGÄNGE

Zu jedem Kapitel gehört ein Spaziergang, der – ohne Besuch der genannten Adressen – ungefähr drei Stunden dauert. Die Länge der Strecke (in km) finden Sie über der Wegbeschreibung und auf den einzelnen Stadtteilplänen sehen Sie den genauen Verlauf der Route. Die Beschreibung neben dem Stadtplan führt Sie entlang der Sehenswürdigkeiten zu den schönsten Adressen. So entdecken Sie fast nebenbei die besten Shopping-Gelegenheiten, die nettesten Restaurants und die angesagtesten Cafés und Bars. Wer irgendwann keine Lust mehr hat, der Route zu folgen, kann aufgrund der Tipps und Pläne auch wunderbar auf eigene Faust Entdeckungen machen.

PREISANGABE BEI HOTELS UND RESTAURANTS

Um Ihnen eine Vorstellung von den Preisen in den Hotels und Restaurants zu geben, finden Sie bei den Anschriften stets auch die Preise. Die Angaben für Hotels beziehen sich auf ein Doppelzimmer mit Frühstück pro Nacht, es sei denn, es ist etwas anderes angegeben. Die Angaben für die Restaurants nennen – wenn nicht anders verzeichnet – den Durchschnittspreis eines Hauptgerichts.

100% NEAPEL

SPAZIERGANG 1: MUSEO, DECUMANI & DUOMO
Der älteste Teil des Zentrums beherbergt die meisten bedeutenden Sehenswürdigkeiten. Die bekanntesten sind das Archäologische Nationalmuseum, die berühmten Straßenzüge Decumani, wozu auch die Spaccanapoli gehört, und der Dom mit dem Museo del Tesoro di San Gennaro.

SPAZIERGANG 2: CHIAIA, PIAZZA DEL PLEBISCITO & LUNGOMARE
Dass Neapel einst ein Königreich war, ist vor allem an der Piazza del Plebiscito mit ihren zahlreichen Sehenswürdigkeiten gut zu erkennen. Ein Spaziergang auf dem Lungomare, mit dem herrlichen Blick auf den Vesuv, Capri und Posillipo ist ein Muss. Shoppingfans dürfen die Luxusläden in Chiaia nicht verpassen.

SPAZIERGANG 3: VOMERO & SPANISCHES VIERTEL
Im höher gelegenen Stadtteil Vomero mit den breiten Einkaufsstraßen und dem schönen Stadtblick kann man wunderbar flanieren. Das Castel Sant'Elmo und das Kloster San Martino sind einen Besuch wert. Lohnend ist auch der spektakuläre Abstieg über die Pedamentina hinab ins Spanische Viertel.

SPAZIERGANG 4: PHLEGRÄISCHE FELDER
Die einzigartigen Phlegräischen Felder haben sowohl kulturell Interessantes als auch viel Natur zu bieten. In diesem vulkanischen Gebiet gibt der Solfatara-Vulkan täglich Lebenszeichen von sich. Relaxen kann man im Beach Club Marèna, wandern oder Rad fahren am Lago d'Averno und Monte Nuovo.

SPAZIERGANG 5: VESUV, ERCOLANO, POMPEI
Diese Strecke führt zu fünf einmaligen Ausgrabungsstätten, zu denen neben römischen Anwesen auch Städte wie Herculaneum (das heutige Ercolano) und Pompei gehören. Ein beeindruckendes Erlebnis ist der Besuch des Vesuv, durch dessen Ausbruch die römischen Städte zerstört wurden.

SPAZIERGANG 6: CAPRI, ANACAPRI & I FARAGLIONI
Capri ist eine wunderschöne, geschichtsträchtige Insel mit steilen Felsformationen, der Blauen Grotte, mondänen Einkaufsstraßen und grandiosen Ausblicken. Zu den Highlights gehören auch die Besteigung des Berges Solaro auf Anacapri oder eine Bootsfahrt zu den Faraglioni.

100% NEAPEL

Neapel ist eine unglaublich vielseitige Stadt und sowohl Kunstliebhaber, als auch Shopping- und Naturfans kommen hier auf ihre Kosten. Natürlich gehört ein Besuch von Pompei oder einer der vielen anderen Ausgrabungsstätten in und außerhalb der Stadt dazu. Auch der Vesuv, der über die Stadt zu wachen scheint, ist einen Ausflug wert. Die wunderschöne Insel Capri, die von jedem Aussichtspunkt in der Stadt sichtbar ist, sollte man ebenfalls nicht verpassen. 100% Neapel zeigt Ihnen, was Sie auf keinen Fall verpassen sollten. Sightseeing & Shopping, Ausgehen & Abenteuer – die übersichtlichen Stadtpläne weisen Ihnen den Weg.

AUF 6 SPAZIERGÄNGEN 100% NEAPEL & UMGEBUNG ERLEBEN!

AREA METROPOLITANA NAPOLI

Der Großraum Neapel ist eine sogenannte Area Metropolitana, eine Metropolregion. Infolgedessen werden zahlreiche Kommunen wie Sorrent, die Phlegräischen Felder und auch die Inseln einen Teil ihrer Entscheidungsgewalt zentralen Behörden übertragen. Die erhofften Vorteile: weniger Bürokratie und Beschleunigung von Verfahren.

STADT DER 1000 FARBEN

"Neapel ist eine Stadt voller Widersprüche, die Stadt von 1000 Kulturen und 1000 Ängsten, die Stadt von Kinderstimmen auf der Straße, die einem zeigen, dass man nie allein ist. Eine Stadt, die man liebt wegen des herrlichen Duftes des Meeres, aber hasst wegen der brennenden Sonne." Der Sänger und gebürtiger Neapolitaner Pino Daniele beschreibt Neapel treffend in seinem Lied *Napuleè*. Neapel ist die Stadt der warmen Farben und herzlichen Menschen, hat aber auch eine dunkle Seite. Das Gelb der Zitrusfrüchte von Sorrent, das Türkis des Meeres bei Capri, das Ockergelb des Tuffsteins der Fürstenpaläste, das Grün der Olivenbäume, das Rot von Pompei, das Schwarz des Vesuv und das Weiß des Kostüms des Pulcinella. Tauchen Sie ein in die Farbpalette Neapels und versuchen Sie, die Stadt zu spüren.

NEAPOLITANISCHE ESSGEWOHNHEITEN

Wie in so vielen Regionen Italiens ist Essen ein wichtiger Bestandteil des Lebens und der Kultur der Neapolitaner. Das Frühstück besteht aus einem Cappuccino mit ein paar Keksen, einem *cornetto* (einem mit Marmelade, Schokoladencreme oder Sahne gefüllten Hörnchen) oder einer *graffa* (einer Art Donut mit Zucker).

Um etwa 13 Uhr wird das – oft ziemlich üppige – Mittagessen in Angriff genommen. Nach dem *primo*, meistens einem Nudelgericht, folgt der *secondo*, zum Beispiel Fleisch oder Fisch. Zum Schluss kommt frisches oder getrocknetes Obst auf den Tisch, an Feiertagen fast immer ein Dessert, ein *dolce*. Und natürlich der Espresso. Abends wird nicht vor 20 Uhr gegessen. Der Klassiker der neapolitanischen Küche ist die Pizza.

Aufgrund des ausgiebigen Mittagessens und der Mittagshitze haben viele Geschäfte von 13.30 bis 16.30 Uhr zu. Erst ab etwa 17 Uhr beleben sich die Straßen wieder.

NEAPOLITANISCHE "REGELN"

Mit Regeln nehmen Neapolitaner es nicht so genau. Sie sind sehr flexibel und akzeptieren die Dinge so, wie sie sind. Auswärtigen verlangt dies einiges an Anpassungsvermögen ab – doch die Einstellung *va be* oder *non fa niente* (egal) macht das Leben manchmal einfach leichter. Zum Beispiel, wenn ein Ladeninhaber sein Geschäft eine Stunde später aufschließt als angekündigt – oder auch gar nicht. Oder wenn Fußball angesagt ist und der Bus nicht (pünktlich) kommt.

Da die neapolitanischen Kinder ihr Kindsein genießen sollen, haben sie sehr viele Freiheiten. Feste Schlafenszeiten gibt es kaum, gewitzte Cleverness wird geschätzt und Lärm machen ist erlaubt. Übrigens gilt dies teils auch für Erwachsene: Lautstark in öffentlichen Räumen telefonieren, vom Balkon herunterbrüllen und mit der Nachbarin laut den neuesten Tratsch austauschen gehört dazu – und das alles wild gestikulierend und mit viel Körperkontakt.

GESETZLICHE FEIERTAGE

Neben Neujahr, Ostern und Weihnachten kennen die Neapolitaner noch folgende gesetzliche Feiertage:

6. Januar	Dreikönigstag (Befana)
25. April	Tag der Befreiung
1. Mai	Tag der Arbeit
2. Juni	Tag der Republik (Festa della Repubblica)
15. August	Ferragosto
1. November	Allerheiligen
8. Dezember	Mariä Empfängnis

An diesen Feiertagen sind manche Sehenswürdigkeiten, Geschäfte und Restaurants geschlossen. Im August machen die Neapolitaner Urlaub und sind viele Geschäfte und Restaurants geschlossen.
Ostersonntag wird in der Familie gefeiert, an Ostermontag macht man einen Ausflug mit Freunden oder geht mit ihnen essen oder picknicken.

FESTIVALS UND EVENTS

Am 19. März ist San Giuseppe, Vatertag, an dem traditionell *zeppole* gegessen werden. Dieser Tag markiert auch den Beginn des *cambio staggione* – Zeit, die Wintersachen wegzuräumen und die Sommerkleidung hervorzuholen.

Der April steht im Zeichen der Settimana Santa (der heiligen Woche). Dann werden überall Prozessionen abgehalten, von denen die in Sorrent die berühmteste ist.

Der Mai ist der Maggio dei monumenti, das bedeutet, dass viele Baudenkmäler und andere Sehenswürdigkeiten kostenlos besucht werden können. Außerdem finden zahlreiche Konzerte, Tanz- und Theatervorstellungen sowie Ausstellungen statt.

Am ersten Sonntag im Mai, am 19. September und am 16. Dezember ereignet sich das Blutwunder des San Gennaro, bei dem sich das in Phiolen aufbewahrte Blut des Schutzpatrons der Stadt verflüssigen soll. Anschließend zieht eine Prozession zur Kirche San Chiara.

In der dritten Maiwoche steigt das Festival Wine & the City, eine viertägige Veranstaltung mit etwa 100 Stationen in der Stadt, wobei Wein, Mode, Design, Kunst und Musik im Mittelpunkt stehen.

Im September pilgern die Neapolitaner während des Filmfestivals in Scharen in die Kinos und zum Pizzafest am Lungomare, wo die besten Pizzabäcker ihr Können zeigen.

Am 31. Dezember findet auf der Piazza del Plebiscito ein großes Feuerwerk statt.

HABEN SIE NOCH TIPPS?

Wir haben diesen Reiseführer mit großer Sorgfalt zusammengestellt. Da das Angebot an Geschäften und Restaurants in Neapel jedoch regelmäßig wechselt, kann es sein, dass eine Empfehlung nicht mehr existiert. Besuchen Sie in diesem Fall oder wenn Sie andere Anmerkungen oder Fragen zu diesem 100% Cityguide haben, unsere Webseite *www.100travel.de/neapel* oder schreiben Sie uns an *info@momedia.com*. Wir freuen uns über Ihre Hinweise, neue Tipps und natürlich auch Fotos. Posten Sie diese gern auf unserer facebook fanpage: *facebook.com/100travel*.

Last but not least möchten wir noch bemerken, dass keine der vorgestellten Adressen für ihre Erwähnung bezahlt hat, weder für den Text noch für die Fotos. Alle Texte wurden von einer unabhängigen Redaktion geschrieben.

Hotels

Die Hotels in Neapel sind in der Regel sehr gepflegt. Denn Sauberkeit ist den Einwohnern wichtig, und das ist in den Hotels nicht anders. Gute Gastgeber sind die Neapolitaner ebenfalls, es wird alles dafür getan, dass die Gäste sich wohlfühlen. Immer mehr Häuser legen auch großen Wert auf Design und Stil. Die Hauptsaison dauert von April bis September.

Capri ist eine teure Insel, und das gilt insbesondere für die Unterkünfte. Wer schlau ist, quartiert sich auf einer der anderen Inseln – Procida oder Ischia – ein. Tipp: Auf allen Inseln sind viele Hotels und B&Bs nur von Ende März bis Ende Oktober geöffnet.

Hier folgt eine Übersicht unserer Lieblingsadressen, die in der Stadt verteilt liegen. Alle Hotels sind mit einem Buchstaben gekennzeichnet, den Sie auf der Übersichtskarte des Guides finden.

GÜNSTIGE PREISKLASSSE

Ⓐ **Giovanni's Home** ist ein preisgünstiges und gemütliches Hostel mit Gästen aus aller Welt. Wie die meisten Neapolitaner ist auch Inhaber Giovanni der Überzeugung, dass man Besuchern einen möglichst angenehmen Aufenthalt bereiten sollte. Daher kocht er für seine Gäste und nimmt sie auch mal auf seinem Motorrad mit.
via sapienza 43, neapel, www.giovannishome.com, telefon: 081 19565641, preis: 18 €, u-bahn: 1 museo

Ⓑ Das **Hotel Sibilla Residence** ist der ideale Ausgangspunkt für Touren durch die Phlegräischen Felder, die man mit der U-Bahn im Nu erreicht. Das familiengeführte Haus liegt am Strand, wurde im frühen 20. Jahrhundert erbaut und ist im Stil der 1970er-Jahre eingerichtet. Die Inhaber, Severino und Nunzia, sprechen nur Italienisch, sind aber unheimlich gastfreundlich und behandeln Gäste, als gehörten sie zur Familie. Als typisch italienische Mama schwingt Nunzia das Zepter in der Küche und zaubert die leckersten Gerichte auf den Tisch.
via miliscola 171-175, pozzuoli, www.facebook.com/pages/sibilla-residence/156083057791377, telefon: 081 8664260, preis: 50 €, u-bahn: cumana lucrino

B&B PEDAMENTINA Ⓔ

Ⓗ HOTEL PIAZZA BELLINI

MITTLERE PREISKLASSSE

Ⓒ Das **Hotel B&B Darsena** befindet sich in einer der vielen kleinen Gassen im Zentrum von Pozzuoli, unweit des alten Fischerhafens La Darsena. In den Zimmern mit dem herrlichen Meerblick kann man die Fähren nach Procida und Ischia beobachten.
vicolo magazzini 35-37, pozzuoli, www.hoteldarsenapozzuoli.it, telefon: 081 3031281, preis: 60 €, u-bahn: cumana pozzuoli

Ⓓ Marco und Simona begrüßen Sie persönlich in ihrem gepflegten und mit viel Liebe eingerichteten **B&B Piazza Dante**. Trotz der zentralen Lage ist das Haus ruhig und somit der ideale Startpunkt für Tagestouren durch die Stadt. Nicht typisch italienisch ist das Frühstück, das mit lokalen süßen Spezialitäten oder hausgemachten Kuchen eher als üppig bezeichnet werden kann.
vico mastellone 16, neapel, www.bbdante.it, telefon: 081 0153543, preis: 70 €, u-bahn: 1 dante

Ⓔ Wer Ruhe und Kultur sucht, sollte sich im **B&B Pedamentina** einquartieren. Es liegt an der aus 414 Stufen bestehenden historischen Treppe Pedamentina und ist somit nur zu Fuß erreichbar. Das Haus gehört einer Sizilianerin und ihrem Mann Pasquale, einem Geiger. Wer mit den Inhabern über Neapel spricht, spürt gleich, wie sehr sie ihre Stadt lieben. Gästen stehen drei Zimmer – mit großartigem Blick auf die Stadt und den Vesuv – zur Verfügung sowie der Innenhof mit einer herrlichen Terrasse.
via pedamentina san martino 33, neapel, www.pedamentina.it, telefon: 081 5573555, preis: 80 €, funicolare: corso vittorio emanuele

Ⓕ Das **B&B Fuocomuorto** liegt am Fuß des Vesuv, unweit von Ercolano, mit herrlichem Blick auf den Golf von Neapel. Zum Haus gehören auch einige Weinberge, deren Wein vor Ort verkauft wird. Die Lage im Grünen macht das Haus vor allem interessant für Ruhesuchende, Wanderer und Radfahrer. Letztere können hier sogar E-Bikes mieten, um die Gegend bequem zu erkunden.
contrada croce dei monti, ercolano, www.fuocomuorto.it, telefon: 081 7394655, preis: 80 €, zug: bahnhof ercolano

GEHOBENE PREISKLASSSE

Ⓖ **Capri Suite** ist ein stilvolles Hotel mit angenehmem, ruhigem Ambiente und einer Einrichtung, die von Vintage-Möbeln und modernem Design geprägt ist. Besser kann man sich an diesem wunderbaren Ort auf Anacapri fast nicht entspannen.
via finestrale 9, anacapri, www.caprisuite.it, telefon: 33 55280647, preis: 120 €, bus: anacapri

Ⓗ Das **Hotel Piazza Bellini** ist ein Musterbeispiel dafür, wie man ein Haus aus dem späten 16. Jahrhundert mit Gespür für seine Geschichte in eine zeitgemäße Unterkunft verwandeln kann. Die Zimmer sind modern eingerichtet und mit Wandgemälden des neapolitanischen Künstlers Alessandro Crocchia ausgestattet. Das ruhige Hotel liegt zentral in einem Künstlerviertel in der Altstadt und ist von Buchhandlungen, Literaturcafés, Musikläden und viel Kunst und Kultur umgeben – zahlreiche Sehenswürdigkeiten und auch die U-Bahn befinden sich ganz in der Nähe. Ihre persönlichen Erlebnisse können Sie im Frühstücksraum an einer Tafel festhalten und so mit anderen Gästen teilen.
via santa maria di costantinopoli 101, neapel, www.hotelpiazzabellini.com, telefon: 081 451732, preis: 120 €, u-bahn: 1 dante oder museo

Ⓘ Schon seit dem frühen 19. Jahrhundert schmückt das **Grand Hotel Vesuvio** den Lungomare, die Strandpromenade der Stadt. Zahlreiche Prominente haben bereits in dem prunkvollen Luxushotel übernachtet. Kein Wunder angesichts der fantastischen Aussicht auf den Golf von Neapel und den Vesuv.
via partenope 45, neapel, www.vesuvio.it, telefon: 081 7640044, preis: 200 €, u-bahn: 2 amadeo

Ⓙ Die Villa, in der sich seit den späten 1960er-Jahren das **Nobelhotel Punto Tragara** befindet, wurde 1920 nach Plänen des berühmten Architekten Le Corbusier erbaut. Die Lage auf der Insel Capri ist einmalig und die Aussicht auf die Faraglioni ebenfalls. Im Zweiten Weltkrieg diente das Haus vorübergehend als Hauptquartier der amerikanischen Armee.
via tragara 57, capri, www.hoteltragara.com/en/, telefon: 081 8370844, preis: 500 €, bus/funicolare: capri

CAPRI SUITE Ⓖ

Unterwegs

Neapel wird von den meisten großen Flughäfen Deutschlands aus angeflogen. Der nordöstlich der Stadt gelegene **Flughafen** Capodichino ist zwar relativ klein, aber modern und gut organisiert. Autos mieten kann man hier auch, zum Parkplatz fahren Pendelbusse. Bedenken Sie dabei, dass bei Benutzung des Rings, der Tangenziale, Maut anfällt. Deshalb empfiehlt es sich, auf ein Auto zu verzichten, wenn Sie ausschließlich in der Stadt bleiben wollen. Schon allein deshalb, weil der öffentliche **Nahverkehr** gut funktioniert und es auf den Straßen ganz schön chaotisch zugeht.

Zwischen Flughafen und Hauptbahnhof verkehrt die Buslinie 3S oder der **Alibus** (Fahrkarte gibt es im Bus), der jedoch nur an der Piazza Garibaldi und am Hafen (Beverello) hält. Von dort fahren **Aliscafi** (Tragflügelboote) nach Capri, Sorrent, Procida und Ischia.

Am Hauptbahnhof an der Piazza Garibaldi starten neben **Zügen** nach Nord- und Süditalien auch viele **Regionalbusse**. Auch in der Stadt gibt es **Busse**, doch das Netz ist für Touristen ziemlich schwer zu durchschauen. Wichtig zu wissen: Die Linien R1, R2, R3 und R4 führen zu den großen Sehenswürdigkeiten.

Wer Herculaneum und Pompei besuchen möchte, steigt an der Piazza Garibaldi einfach in die **circumvesuviana** in Richtung Sorrent. An der Piazza halten auch die beiden **U-Bahn-Linien**: Linie 1 durchquert die Altstadt in Richtung Vomero, Linie 2 ist die Verbindung mit dem Nobelviertel Chiaia, San Paolo und den Phlegräischen Feldern. Ein einmaliges Erlebnis ist eine Fahrt mit einer der ältesten U-Bahnen Europas, der **cumana**. Die Bahn startet in Montesanto und führt an der Küste entlang zu den Phlegräischen Feldern. Wer bis zum Endpunkt mitfährt, kommt zum Strand von Torregaveta. Die **circumflegrea** verbindet Neapel mit dem Hinterland der Phlegräischen Felder. Eine Übersicht aller Linien finden Sie auf der hinteren Umschlagklappe dieses Guides.
Vomero ist auch mit der **Funicolare** erreichbar, einer Standseilbahn. Drei Linien fahren im Zentrum ab, eine vierte verbindet Mergelina mit Posillipo.

Wer viel mit dem Nahverkehr unterwegs sein möchte, sollte sich eine Dreitageskarte zulegen. Die Karte gilt für die ganze Region Kampanien inkl. Inseln und kostet 20 Euro. Erhältlich ist sie bei Kiosken und in Tabakläden (*tabacchi*).

Hier bekommen Sie auch die Uniconapoli-Karte für 90 Minuten und Tageskarten. Umsteigen ist erlaubt, stempeln müssen Sie aber. Eine Alternative ist die Campania Arte Card, mit der Sie kostenlosen oder verbilligten Zugang zu vielen Sehenswürdigkeiten in Kampanien erhalten. Die City Card ist das Pendant dazu nur für Neapel. Sie gilt drei Tage und ermächtigt zu kostenlosen Fahrten mit Uniconapoli (*www.campaniartecard.it/en/index.cfm*).

Taxis gibt es am Flughafen, Hauptbahnhof oder an anderen Knotenpunkten in der Stadt. Natürlich können Sie einen Wagen auch auf der Straße anhalten oder telefonisch bestellen (0039 081 8888 oder 0039 081 0101). Der Grundpreis beträgt 4,50 Euro. In jedem Taxi hängt eine Übersicht mit Zuschlägen und den Festpreisen für typische Fahrten, zum Beispiel vom Flughafen zum Hauptbahnhof oder vom Hauptbahnhof zum Hafen.

Museo, Decumani & Duomo

Geschichtsträchtiges Zentrum mit viel Kultur

Dieser Teil Neapels ist so vielseitig wie kein anderer Stadtteil. Der Spaziergang führt quer durch die Altstadt mit den Decumani, den drei parallel in Ost-West-Ausrichtung verlaufenden Straßenzügen. Im 6. Jahrhundert befand sich hier das pulsierende Herz der damals griechischen Stadt namens Neapolis ("Neustadt"). Die berühmteste der drei Straßen ist der Spaccanapoli. Geprägt wird die Straße, die die Via Duomo und das Spanische Viertel (Quartieri Spagnoli) miteinander verbindet, von zahlreichen Sehenswürdigkeiten, Pizzerien und Läden. Von oben ist sie leicht erkennbar, denn sie ist kerzengerade und verläuft quer durch die Altstadt. Unterirdisch befinden sich hier auch noch Tunnel aus griechischer Zeit.

Neapel wurde oft von Kriegen, Krankheiten und Epidemien heimgesucht, das Leben hier war hart und hat die Stadt geprägt. Neapolitaner haben einen starken Überlebenswillen, der sich unter anderem in ihrem Einfallsreichtum niederschlägt, Geld zu verdienen, aber auch in ihrer Lebensfreude und dem

1

Glauben an das Wunder von San Gennaro und an die Kirche. Neapolitaner sind herzlich, jedoch ebenso hart. Alles, was sie tun, machen sie mit Inbrunst. Fühlen sie sich verraten, können sie gnadenlos sein.

Vielerorts weht die argentinische Fahne im Wind. Der Grund: Der einstige Fußballstar Diego Maradona, der jahrelang für den SSC Neapel spielte, wird hier nach wie vor verehrt. In dem Teil der Altstadt mit den engen Gassen hat man das Gefühl, in einem Arbeiterviertel zu sein: Überall wird geputzt, gekocht oder man sitzt gerade bei Tisch. Die Altstadt wird aber ebenfalls geprägt von Hochschulen und Studenten – neben der Kunstakademie findet man hier das Konservatorium und diverse Fakultäten. Kein Wunder, dass es auch viele Musik- und Kunstläden, Druckereien und Buchhandlungen gibt – von Lokalen ganz zu schweigen.

6 Insider-Tipps

Archäologisches Nationalmuseum

Kunstwerke aus Pompei und Herculaneum bewundern.

Intra Moenia

Die Atmosphäre auf und an der Piazza Bellini genießen.

Cappella Sansevero

Die Skulptur *Verhüllter Christus* bestaunen.

Pizzeria Starita

Eine echt neapolitanische Pizza kosten.

Via San Gregorio Armeno

Kunsthandwerk für die Weihnachtskrippe erstehen.

Ristorante Tandem

Ein traditionell zubereitetes *ragù* essen.

- Sehenswürdigkeiten
- Shoppen
- Essen & Trinken
- Neapel live

Sehenswürdigkeiten

(1) Wer die Ausgrabungsstätten am Fuß des Vesuv schon besichtigt hat, sollte noch das **Archäologische Nationalmuseum** (Museo Archeologico Nazionale) aufsuchen. Denn hier sind zahlreiche Fundstücke wie zum Beispiel Mosaiken, Fresken, Skulpturen und Alltagsgegenstände ausgestellt. Als Besonderheit gibt es zudem das Gabinetto Segreto zu erkunden. In diesem "geheimen Kabinett", das man übrigens nur nach Voranmeldung betreten darf, sind Kunstwerke und Schmuckelemente zu sehen, die aus dem antiken Bordell Lupanari in Pompei stammen.
piazza museo nazionale 19, www.cir.campania.beniculturali.it, telefon: 081 4422149, geöffnet: mo 9.00-19.30, mi-so 9.00-19.30, eintritt: 8 €, u-bahn: 1 museo

(10) Das **Römische Theater** (Teatro romano dell'Anticaglia) von Kaiser Nero wurde bei der Erweiterung des Kellers eines Privathauses rein zufällig entdeckt. Seit der Freilegung und Restaurierung ist das von Wohnhäusern umgebene antike Bauwerk für Publikum geöffnet – allerdings nur im Rahmen von Führungen, die Sie auch durch besagten Keller leiten.
vico cinquesanti, www.napolisotterranea.org, telefon: 081 296944, geöffnet: mo-so, nur nach voranmeldung, führung (englisch): 10.00, 12.00, 14.00,16.00 & 18.00, eintritt: 10 €, u-bahn: 2 cavour

(12) Wer das **Museo delle Arti Sanitarie** (Museum der Medizin) und die **Farmacia Storica** (Historische Apotheke) besucht, erfährt viel über Neapel – über die Geschichte der Stadt, der Heilkunde und das Leid der Kranken. Im Ospedale dei Incurabili (Krankenhaus der Unheilbaren) ist die enge Verbindung von Kunst und Medizin sichtbar. Ein Augenschmaus ist die historische Apotheke, ein Meisterwerk des Barocks und des Rokokos.
via maria longo 50, www.museoartisanitarie.it, www.ilfarodippocrate.it, telefon: 081 440647, geöffnet: museum: mo-fr 9.30-13.00, apotheke: sa vormittags, nur nach voranmeldung, eintritt: frei (um eine freiwillige spende wird gebeten), u-bahn: 2 cavour

⑬ Das **Museo M.A.D.R.E.** (Museo d'Arte Contemporanea Donnaregina) ist ein Muss für Liebhaber zeitgenössischer Kunst. Es verdankt seinen Namen dem prunkvollen Palazzo Donnaregina aus dem 18. Jahrhundert, in dem es untergebracht ist. Das Gebäude wurde 2005 restauriert und in ein Museum umgewandelt. Die Werke in der ersten Etage wurden exklusiv für die Dauerausstellung angefertigt.
via settembri 79, www.madrenapoli.it, telefon: 081 19313016, geöffnet: mo & mi-sa 10.00-19.30, so 10.00-20.00, eintritt: 7 €, u-bahn: 2 cavour

⑭ Wie der Name bereits sagt, beherbergt das im Dom untergebrachte **Museo del Tesoro di San Gennaro** den Schatz des heiligen Gennaro di Benevento, des Schutzpatrons Neapels. Dreimal jährlich (am ersten Mai-Sonntag, am 19. September und am 16. Dezember) findet das sogenannte Blutwunder des San Gennaro im **Dom** statt. Dabei präsentiert ein Priester im Rahmen einer Messe zwei versiegelte Phiolen mit dem jahrhundertealten Blut des Heiligen in der Hoffnung, es möge flüssig werden. Geschieht dies nicht, steht der Stadt angeblich eine Katastrophe bevor. Der Dom selbst ist sehr sehenswert, vor allem das Kirchenschiff, das von über 100 Säulen getragen wird, die Mosaiken aus dem 1. und 14. Jahrhundert und die Renaissanceskulpturen.
via duomo 149, www.museosangennaro.com, telefon: 081 294980, geöffnet: jan.-febr. mo-di & do-so 9.00-17.30, märz-dez. mo-so 9.00-17.30, eintritt: 6 €, u-bahn: 2 cavour

㉖ Ein Besuch des **Museo Cappella Sansevero** ist ein unvergessliches Erlebnis. Erbaut wurde die Privatkapelle der Familie di Sangro im 17. Jahrhundert nach Plänen des Prinzen von Sansevero, Raimondo di Sangro. Außer Architekt war er auch Erfinder, Wissenschaftler, Alchemist und zudem Großmeister der Freimaurerloge. Die Krypta beherbergt zwei sehr detaillierte Nachbildungen menschlicher Venensysteme aus seiner Hand. Das Highlight befindet sich in der Mitte der Kapelle: die aus einem einzigen Marmorblock gehauene Skulptur *Verhüllter Christus* von Giuseppe Sanmartino. Der Schleier wirkt so echt, dass man ihn fast zur Seite ziehen möchte.
via francesco de sanctis 19-21, www.museosansevero.it, telefon: 081 5518470, geöffnet: mo & mi-sa 9.30-18.30, so 9.30-14.00, eintritt: 10 €, u-bahn: 1 dante

CHIESA DEL GESÙ NUOVO ㉛

㉙ In der **Cappella San Giovanni dei Pappacoda** wurden diverse Baustile verewigt – von romanisch bis hin zu Barock und Renaissance. Heute wird die kleine Kirche vorwiegend von Studenten der Universität Oriëntale benutzt: Vor allem im April und Mai feiern die Familien erfolgreicher Absolventen auf dem Platz vor der Kirche.
largo san giovanni maggiore, telefon: 081 6909191, geöffnet: öffnungszeiten auf anfrage, u-bahn: 1 università

㉝ MUSEO HERMANN NITSCH

(31) Die Fassade der **Chiesa del Gesù Nuovo** lässt nicht vermuten, dass sich dahinter eine Renaissancekirche mit Barockelementen versteckt. Denn die Fassade gehörte eigentlich zum Palazzo Sanseverino, den Jesuiten dann in eine Kirche umwandelten. Die Kirche ist stets gut besucht und die Beichtstühle sind daher fast immer besetzt. Rechts vom Eingang, im zweiten Raum, befinden sich die Gebeine von San Giuseppe Moscati, der 1987 heilig- gesprochen wurde. Viele Menschen kommen in die Kirche, insbesondere in die Kapelle, um für ihre Heilung zu beten oder sich dafür zu bedanken. In der Adventszeit beherbergt die Kirche eine prachtvolle Weihnachtskrippe (*presepe*).
piazza del gesù nuovo, www.gesunuovo.it, telefon: 081 5578111, geöffnet: mo-sa 6.30-12.45 & 16.30-19.30 so 6.30-13.30, u-bahn: 1 dante

(33) Das ehemalige E-Werk Station Bellini ist die Kulisse für die Ausstellung der Werke des Österreichers Hermann Nitsch, der für seine provozierenden Theaterorgien, in denen Theater und bildende Kunst miteinander verschmelzen, bekannt ist. Das **Museo Hermann Nitsch** beherbergt zum Teil sehr umstrittene Arbeiten. Die Architektur des Industriegebäudes macht den Besuch allerdings noch lohnender.
vico lungo pontecorvo 29d, www.museonitsch.org, telefon: 081 5641655, geöffnet: mo-fr 10.00-19.00, sa 10.00-14.00, eintritt: 10 €, u-bahn: 1 dante

(36) In der Via Fontanelle mag man kaum glauben, noch in einer Großstadt zu sein, so still ist es hier. Sie können die sehenswerte Kirche Maria Santissima del Carmine besuchen und nebenan den unterirdischen **Friedhof Fontanelle** (Cimitero delle Fontanelle), der mit all den aufgestapelten Knochen und Schädeln sehr eindrucksvoll ist. Hier wurden unter anderem die Opfer der Cholera-Epidemie von 1836 beerdigt.
via fontanelle 77, via vallone dei girolamini 22, www.campaniartecard.it, telefon: 081 19703197, geöffnet: mo-so 10.00-17.00, eintritt: frei, bus: c52, u-bahn: 1 materdei

Essen & Trinken

② Das **Caffè Letterario Liberty** liegt in der Galleria Principe, die 2009 nach einer Rundumerneuerung wiedereröffnet wurde. Erbaut wurde sie als erste Jugendstilgalerie der Stadt nach Pariser Vorbild. Im Café kann man ausgiebig in einer feinen Auswahl von Architekturbüchern schmökern und mit ein wenig Glück eine Musikvorstellung oder eine Lesung miterleben.
galleria principe di napoli 6-7, www.intramoenia.it, telefon: 081 5640814, geöffnet: mo-sa 9.00-19.30, preis: häppchen und getränk 3 €, u-bahn: 1 museo

④ Im **Ristorante l'Etto** bestimmt man selbst, was und wie viel man essen möchte. "L'etto" bedeutet nämlich 100 Gramm und so bezahlt man auch – pro 100 Gramm. Die drei Merkmale des Lokals sind: gesundes Essen, Design und Freundlichkeit. Inmitten des Raums ist ein Buffet aufgebaut, auf dem verführerische Köstlichkeiten aus der asiatischen, italienischen und vegetarischen Küche warten.
via s. maria di costantinopoli 102, https://www.facebook.com/pages/letto/440334579404635, telefon: 081 19320967, geöffnet: mo-so 12.30-15.30 & 19:30-00.00, preis: 8-20 €, u-bahn: 1 museo

⑤ "**La Stanza del Gusto**" bedeutet "das Zimmer des Geschmacks". Und tatsächlich, die Kreationen, die der Küchenchef Mario Avallone auf den Tisch zaubert, sind sehr originell, überraschend und immer mit viel Liebe zubereitet. Wer will, bekommt eine ausführliche Erklärung. Die Einrichtung des Lokals ist wie das Essen: unterschiedliche Stile, farbenfroh und voller witziger Details.
via s. maria di costantinopoli 100, www.lastanzadelgusto.com, telefon: 081 401578, geöffnet: mo 17.30-00.00, di-sa 11.00-00.00, preis: 20-40 €, u-bahn: 1 museo

⑥ Das Literaturcafé **Intra Moenia** ist eine beliebte Anlaufstelle für kultur- und literaturinteressierte Neapolitaner. Gelegen ist es an der Piazza Bellini, einem Platz, an dem Reste der antiken Stadt Neapolis zu sehen sind. Das Café hat eine schöne Veranda und Terrasse, auf denen man herrlich einen Cappuccino trinken, frühstücken oder eine Kleinigkeit zu Mittag essen kann.
piazza bellini 70, www.intramoenia.it, telefon: 081 451652, geöffnet: mo-so 10.00-2.00, preis: schnelles mittagessen 7 €, u-bahn: 1 dante

RISTORANTE L'ETTO (4)

(18) Die schöne, modern eingerichtete **Pizzeria Vesi** ist von der Associazione Verace Pizza Napoletana (AVPN), dem Verein zum Schutz der neapolitanischen Pizza, anerkannt. Die Anforderungen, die eine solche Pizza erfüllen muss, finden Sie auf den Tischsets, allerdings nur in italienischer Sprache.
via san biagio dei librai 115, www.vesi.it, telefon: 081 5511035, geöffnet: mo-fr 12.00-16.30 & 18.30-00.00, preis: 7 €, u-bahn: 1 dante

(20) In der **Bar Nilo** bekommen Sie zum guten Kaffee auch die Leidenschaft für den lokalen Fußballverein SSC Neapel. Von 1984 bis 1991 spielte der argentinische Weltfußballer Diego Maradona für den SSC, mit dem er 1989 sogar den UEFA-Cup gewann. Seitdem wird er hier wie ein Heiliger verehrt.
via san biagio dei librai 129, www.facebook.com/bar.nilo, telefon: 081 5517029, geöffnet: mo-so 8.00-20.00, preis: espresso 0,90 €, u-bahn: 1 dante

(21) Die Pizza ist die Königin der neapolitanischen Küche, Il *ragù* (Ragout) der König. Es ist das Traditionsgericht beim sonntäglichen *pranzo* (Mittagessen). Die (Vor-)Bereitung startet schon am Vorabend. Die Betreiberin des **Ristorante Tandem**, Manuela, serviert ein hervorragendes, typisch neapolitanisches Ragout mit Nudeln und Brot.
via giovanni paladino 51, www.ristorantetandemragu.it, telefon: 034 04074883, geöffnet: mo-fr 12.00-15.30 & 19.00-23.30, sa-so 12.00-16.00 & 19.00-00.00, preis: 15 €, u-bahn: 1 dante

(27) Das **Palazzo Petrucci Ristorante** liegt in einer ehemaligen Grotte an einem der schönsten Plätze der Stadt. Die mit einem Stern belohnten kreativen Gerichte stellen internationale Varianten neapolitanischer Klassiker dar, die allerdings ihren Preis haben. Wer Lust hat, selbst aktiv zu werden, kann einen Workshop besuchen (siehe Website).
piazza san domenico maggiore 4, www.palazzopetrucci.it, telefon: 081 5524068, geöffnet: di-sa 12.30-14.30 & 19.30-22.30, preis: 25 €, u-bahn: 1 dante

(28) In der Weinbar **Il Mantegno Vineria** kann man herrlich entspannen und dabei das Treiben auf der Spaccanapoli beobachten. Die Weinauswahl ist groß und für jeden Geldbeutel ist etwas dabei.
piazzetta nilo 18-19, https://www.facebook.com/ilmantegno.vineria, telefon: 081 19561599, geöffnet: täglich 12.00-00.00, preis: glas wein 3 €, u-bahn: 1 dante

(34) In der von Vater Cyrus 1978 gegründeten Bäckerei sind inzwischen auch die beiden Söhne, Mario (der Teigspezialist) und Maurizio (der Lächelnde), tätig. In der **Antica Pasticceria Flora Dal 1978** plaudern sie mit viel Leidenschaft über ihre Spezialitäten, zum Beispiel den Ricotta-Birnen-Kuchen. Aus allen Teilen der Stadt kommen Einheimische hierher, um sich mit süßen Teilchen einzudecken.
piazza gesù e maria 16, www.facebook.com/pages/antica-pasticceria-flora-dal-1978/601305563295511, telefon: 081 549 7235, geöffnet: mo-di & do-sa 7.00-14.30 & 17.00-19.30, so 7.00-15.00 & 17.00-19.30, preis: kekse 1,80 €/100 g, u-bahn: 1 dante

RISTORANTE TANDEM ㉑

㊲ Die geschichtsträchtige **Pizzeria Starita** war bereits 1954 als "Friggitoria" im Mehrteiler *Das Gold von Neapel* mit Sophia Loren zu sehen. Das Lokal ist ein Muss für Liebhaber echt neapolitanischer Pizzen. Auch die frittierten Antipasti müssen Sie probieren. Da hier immer viel los ist und man keinen Tisch reservieren kann, sollten Sie einen günstigen Zeitpunkt zum Essen wählen.
via materdei 27-28, www.pizzeriastarita.it, telefon: 081 5573682, geöffnet: mo-sa 12.00-15.30 & 19.00-00.00, so 19.00-00.00, preis: pizza 7 €, u-bahn: 1 materdei oder museo

Shoppen

(3) Auf der Suche nach einer bestimmten Schallplatte oder einem Comic aus Ihrer Jugendzeit? Dann werden Sie vielleicht im Secondhandladen **La Pulce** fündig. Womöglich stoßen Sie dabei auch noch auf andere tolle Sammelobjekte.
via conte, www.facebook.com/lapulcesecondhand, telefon: 33 38693973, geöffnet: mo-sa 9.00-20.00, u-bahn: 1 museo

(7) Als die Buchhandlung **Colonnese** 1965 ihre Türen öffnete, bestand das Sortiment vor allem aus Büchern der damaligen Arbeiterbewegung und Titeln, die in anderen Buchläden nicht erhältlich waren. Heute liegt der Fokus auf der Literatur des 19. und 20. Jahrhunderts. Wer alte Neapel-Postkarten sucht, sollte hier unbedingt vorbeischauen.
via san pietro a maiella 32, www.colonnese.it, telefon: 081 459858, geöffnet: mo-fr 9.00-13.30 & 15.30-19.30, sa 9.00-13.30, u-bahn: 1 dante

(9) **Limonè** stellt den leckersten Limoncello der Stadt her – aus Bio-Zitronen von den Phlegräischen Feldern. Die Früchte für den berühmten Likör werden noch per Hand geschält und danach nach alter Tradition verarbeitet. Vor Ort wird Besuchern das Produktionsverfahren gerne erläutert. Im hauseigenen Laden finden Sie weitere Köstlichkeiten mit Zitronen als Hauptbestandteil.
piazza san gaetano 72, www.limoncellodinapoli.it, telefon: 081 299429, geöffnet: mo-so 10.30-20.30, u-bahn: 2 cavour

(11) Im kleinen Laden mit Werkstatt **La Smorfia** (die Grimasse) ist Inhaber Fabio meistens persönlich zugegen. Seine Spezialität ist es, mit Techniken aus dem 18. Jahrhundert aus Ton, Bronze und Silber Sakralfiguren herzustellen. Tipp: Besuchen Sie bei Interesse auch die Via San Gregorio Armeno.
strada dell'anticaglia 23, www.laboratoriolasmorfia.it, telefon: 081 293812, geöffnet: mo-fr 10.00-13.00 & 14.00-19.00, sa 10.00-13.00, u-bahn: 2 cavour

(16) Die alte Buchbinderei **Legatori Artigiana Napoli** liegt im Innenhof des prachtvollen **Palazzo Marigliano**, der 1513 im neapolitanischen Renaissancestil erbaut wurde. Die Kunst des Buchbindens wird hier noch nach alter Tradition betrieben, außerdem bekommt man alles, was mit Papier zu tun hat.
via san biagio dei librai 39, www.legatoriartigiananapoli.it, telefon: 081 5511280, geöffnet: mo-fr 9.00-19.00, sa 9.00-13.00, u-bahn: 2 cavour

(19) In dem Musikladen **Officina della Tammorra** erfahren Sie alles über die *tammorra*, eine Schellentrommel, die einseitig mit Ziegenhaut bespannt ist. Das Instrument kommt in der traditionellen Musik Kampaniens häufig zum Einsatz. Ihre Leidenschaft für diese Trommel teilt Paola gerne mit Ihnen.
vico san severino 39, www.officinadellatammorra.it, telefon: 034 0 3430917, geöffnet: mo-sa 10.30-19.30, u-bahn: 1 dante

(23) Italiener und Sonnenbrillen gehören einfach zusammen, und das bei Tag und sogar in der Nacht. Bei **PePi Vintage** bekommen Sie extravagante und originelle Modelle aus den 1960er- bis 1980er-Jahren – alle rundum überholt und in erstklassigem Zustand.
vico s. domenico maggiore 23, https://www.facebook.com/PePiVintage, telefon: 32 86563615, geöffnet: mo-sa 10.30-14.30 & 17.00-20.30, u-bahn: 1 dante

(24) **La Casa Brutta**, das hässliche Haus, ist der ironisch gemeinte Name für einen Einrichtungsladen und eine Anspielung auf den wenig designaffinen Neapolitaner. Annalisa und Renato sind erfahrene Restauratoren und verleihen mit ihren Fähigkeiten alten und neuen Möbelstücken ein klares Nordic-Design.
vico san domenico maggiore 19, www.lacasabrutta.it, telefon: 081 19331638, geöffnet: di-sa 10.30-19.45, u-bahn: 1 dante

(25) Um zu **Kiphy** zu gelangen, müssen Sie nur Ihrer Nase folgen. In der engen Gasse hängt ein Gemisch aus verschiedensten Einzeldüften – von frisch und blumig bis hin zu scharf und stechend. Sie können im Laden herrliche Seifen und Öle erstehen, alle aus natürlichen Bestandteilen hergestellt. Eine wahre Freude für die Sinne.
vico san domenico maggiore 3, www.kiphy.it, telefon: 34 0 2849691, geöffnet: mo-sa 10.00-19.00, u-bahn: 1 dante

(32) **Kor@Kor** ist ein Laden, an dem man nur schwer vorbeikommt. Denn die Einrichtung ist so schön, dass es einen förmlich hineinzieht. Kor@Kor bietet eine tolle, aber eigenwillige Kleiderkollektion mit einer perfekten Mischung aus diversen Stilen – von ethno bis retro, von klassisch bis modern und immer einen Tick anders.
via toledo, www.korakor.it, telefon: 081 8269194, geöffnet: mo-fr 10.00-13.30 & 16.30-20.00, sa 10.00-13.30, u-bahn: 1 dante

(35) Als typisch italienisch kann man **Calzature Artigianali Salvatore Ferrigno** bezeichnen. Neben Kunststoffsandalen (die viele Italiener zu Hause tragen) verkauft Salvatore auch wunderschöne selbst gefertigte Modelle aus Leder. Erklären Sie ihm einfach Ihre Wünsche und er fertigt Ihnen im Nu ein tolles Paar Ledersandalen an. Gegen einen moderaten Preis, versteht sich.
via gesù maria 27, www.ferragamo.com/shop/it/ita/uomo/scarpe-uomo, telefon: 36 62807069, geöffnet: mo-sa 8.00-19.00, u-bahn: 1 dante oder materdei

LA CASA BRUTTA 24

Neapel live

(8) Wer beim Altstadtbummel glaubt, sich im historischen Zentrum Neapels zu bewegen, der irrt. Denn das liegt 40 Meter unter der Erde und wird **Napoli Sotterranea** genannt, unterirdisches Neapel. Dabei handelt es sich um Reste der antiken Stadt Neapolis, die die Griechen im 4. Jahrhundert v. Chr. gründeten und die in ihrer Blütezeit so groß war wie das heutige Zentrum. Etwa zwei Jahrhunderte später war Neapolis in römischer Hand und diente zum Teil als Fundament für eine neue Stadt. Diese wurde zwischen dem 15. und 17. Jahrhundert durch Naturkatastrophen zerstört. Heute kann man etwa einen Kilometer des 400 Kilometer langen Netzes aus unterirdischen Gängen besichtigen.
piazza san gaetano, www.napolisotterranea.org, telefon: 081 296944, geöffnet: mo-so 10.00-19.00, eintritt: 9,30 €, u-bahn: 2 cavour

(15) Das **Ospedale delle Bambole** wurde 1899 von Luigiano, dem Ausstatter des Theatro San Carlo, als Krankenhaus für die Theaterpuppen gegründet. Es befindet sich in seinem alten Laden, der heute von seinem Sohn und seiner Urenkelin Tiziana geführt wird. Die Puppen, die hier mit fehlenden Augen oder Haaren, kaputter Kleidung und anderen Molesten eingeliefert werden, kommen inzwischen aus aller Welt.
via san biagio dei librai 46 & 81, www.ospedaledellebambole.it, telefon: 081 203067, geöffnet: mo-fr 9.30-18.00, sa 10.00-14.00, u-bahn: 2 cavour

(17) Die **Via San Gregorio Armeno** ist berühmt für ihre Geschäfte mit den kunstvollen Weihnachtskrippen (*presepe*), die in Neapel am 8. Dezember aufgestellt werden. Werfen Sie auch einen Blick in die Basilica di San Lorenzo Maggiore mit dem prachtvollen Glockenturm und dem herrlichen Klostergarten und besuchen Sie das Museum, das die verschiedenen Ebenen der Stadt zeigt.
via san gregorio armeno, u-bahn: 2 cavour

(22) Seine Ausbildung erhielt **Riccardo Ruggiano** an der Akademie der Schönen Künste in Neapel. Heute stellt er aus unterschiedlichen Materialien Kunst her. Alltagsgegenstände, denen oft nur ein kurzes Leben beschert ist, verwandelt er beispielsweise mit einem Augenzwinkern in bleifreie Porzellankunstwerke.
via nilo 35, www.riccardoruggiano.it, telefon: 081 551 8125, geöffnet: mo-sa 10.30-20.00, u-bahn: 1 dante

KLOSTER SANTA CHIARA ㉚

㉚ Im **Kloster Santa Chiara** kann man fernab der Hektik der Stadt die Stille buchstäblich spüren. Das Kloster gehört zur gleichnamigen gotischen Kirche direkt nebenan. Nachdem das ursprünglich schlichte Gotteshaus im 18. Jahrhundert um Barockelemente ergänzt und im Zweiten Weltkrieg schwer beschädigt worden war, besann man sich bei der Restaurierung wieder mehr auf die einstige Schlichtheit. Alles andere als schlicht ist der Kreuzgang des Klosters – die oktogonalen Säulen sind mehrheitlich mit zitronengelben, olivgrünen und himmelblauen Fliesen verkleidet. Sehenswert sind noch der Klostergarten und das Museo dell'Opera mit archäologischen Funden.
via santa chiara 49, www.santachiara.info, telefon: 081 5521597, geöffnet: kirche mo-so 7.30-12.30 & 16.00-20.00, kloster-kreuzgang: mo-sa 9.30-17.30, so 9.30-13.30, eintritt: kloster 5 €, u-bahn: 1 università

Museo, Decumani & Duomo

SPAZIERGANG 1 (ca. 5 km)

Starten Sie mit einem kulturellen Highlight (1) und lassen Sie die Eindrücke bei einem Drink (2) Revue passieren. Nach der Galleria hinuntergehen und in der Via Conte di Ruvo Comics erstehen (3). Über die erste Straße rechts, in der sich zwei Restaurants befinden (4) (5), Richtung Piazza Bellini, um eine Pause einzulegen (6) oder den Musikstudenten beim Proben zuzuhören. Dann links der Via Tribunali (7) folgen, um links in das unterirdische Neapel (8) abzutauchen und rechts Limoncello zu kaufen (9). Von der Piazza San Gaetano links in die schmale Gasse einbiegen, um das römische Theater (10) oder am Ende der Gasse eine Werkstatt (11) zu besuchen. Dann links und die erste Straße rechts, um ein Museum und eine Apotheke (12) zu bewundern. Weitergehen und rechts in die Via Maria Longo. Die Via Duomo überqueren, um das Museo M.A.D.R.E (13) zu besuchen, oder der Via Duomo folgen. Nach dem Dom mit Museum (14) rechts in die berühmte Spaccanapoli mit dem Puppenkrankenhaus (15) und dem Buchbinder (16) einbiegen. Danach geht es rechts in die Via San Gregorio Armeno (17). Zurück zur Spaccanapoli, um eine köstliche Pizza zu essen (18), und dann links im Vico S. Severino im Musikladen vorbeischauen (19). Zurück zur Spaccanapoli, um einen Espresso zu trinken (20). Links gehen und *ragù* kosten (21). Umkehren und in die Via Nilo einbiegen (22). Am Ende der Straße zweimal links abbiegen, um zu shoppen (23) (24) (25). Vergessen Sie nicht, die Kapelle zu besuchen (26). Über den Vico S. Domenico Maggiore zur gleichnamigen Piazza gehen, um zu tafeln (27) oder einen Wein zu trinken (28). Der Spaccanapoli folgen und links in die Via San Giovanni Maggiore Pignatelli, in der Sie eine weitere Kapelle finden (29). Dann zweimal rechts über die Via Candelora und die Via S. Chiara zum Klostergarten (30). Am Ende der Straße links, wo sich eine Kirche befindet (31). Der Spaccanapoli bis zur Via Toledo folgen. Hier rechts (32) und kurz vor der Piazza Dante die Straßenseite wechseln. In den Vico Mastellone einbiegen und die Treppe Richtung Salita Pontecorvo nehmen. Rechts entdecken Sie das Museo Hermann Nitsch (33). Dann wieder der Salita folgen (34) (35). Rechts in die Via Salvator Rosa, nach der Gabelung links gehen und geradeaus hinauf. Die erste Straße rechts, dann die erste links. Danach Richtung Via Fontanelle (36) weitergehen oder davor rechts in die Via Materdei abbiegen, um eine Pizza zu essen (37).

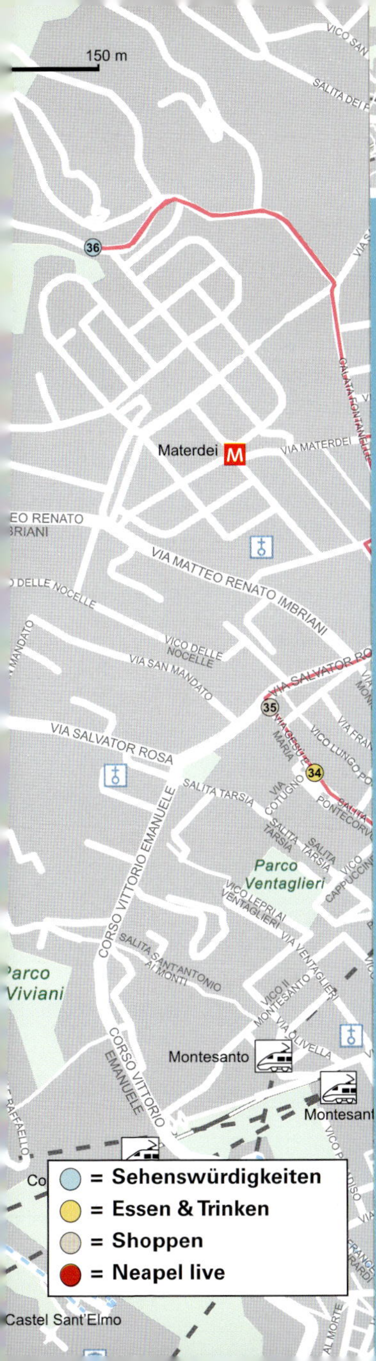

1

1. Archäologisches Nationalmuseum
2. Caffè Letterario Liberty
3. La Pulce
4. Ristorante l'Etto
5. La Stanza del Gusto
6. Intra Moenia
7. Colonnese
8. Napoli Sotterranea
9. Limonè
10. Römisches Theater
11. La Smorfia
12. Museo A. Sanitarie/Farmacia Storica
13. Museo M.A.D.R.E
14. Museo Tesoro di S. Gennaro/Dom
15. Ospedale delle Bambole
16. Legatori Artigiana Napoli
17. Via San Gregorio Armeno
18. Pizzeria Vesi
19. Officina della Tammorra
20. Bar Nilo
21. Ristorante Tandem
22. Riccardo Ruggiano
23. PePi Vintage
24. La Casa Brutta
25. Kiphy
26. Museo Cappella Sansevero
27. Palazzo Petrucci Ristorante
28. Il Mantegno Vineria
29. Cappella San Giovanni
30. Kloster Santa Chiara
31. Chiesa del Gesù Nuovo
32. Kor@Kor
33. Museo Hermann Nitsch
34. Antica Pasticceria Flora Dal 1978
35. Calzature Artigianali Ferrigno
36. Friedhof Fontanelle
37. Pizzeria Starita

Chiaia, Piazza Plebiscito & Lungomare

Zwischen königlicher Vergangenheit und schicken Läden

Dieser Teil der Stadt ist von Palästen, Burgen und Einkaufsmeilen mit teuren Modeläden geprägt. Außerdem befindet sich hier der Lungomare, die lange Promenade mit ihren zahlreichen Bars und Restaurants, von der aus man auf die Bucht, den Vesuv und Capri blickt. Abends ist oft viel los.

An der Piazza del Plebiscito und in der Gegend ringsherum ist die königliche Vergangenheit der Stadt allgegenwärtig. Nach den byzantinischen Königen ab dem 6. Jahrhundert kamen die Staufer-Könige im 12. Jahrhundert und später die Herrscher des Hauses von Anjou. Den Status als unabhängiges Königreich verlor Neapel 1503 mit der Einverleibung durch Spanien. Lange Zeit wurde die Stadt von Vizekönig Toledo regiert, der sie gehörig umkrempelte und für wirtschaftlichen Aufschwung sorgte. Ihm folgten eine kurze österreichische Periode und schließlich die Zeit der französischen Bourbonen. Ihre Bedeutung für die Architektur Neapels, vor allem in diesem Teil der Stadt, war immens.

2

Mit der Eroberung durch Garibaldi 1860 endete die Fremdherrschaft – Neapel wurde ein Teil des neuen Königreichs Italien.

Dieser Spaziergang führt Sie zu allen Hotspots – dem königlichen Palast, der Piazza del Plebiscito, dem Teatro San Carlo sowie der Galleria Umberto. Entspannen und die tolle Aussicht genießen können Sie an der Strandpromenade, dem Lungomare. Sehenswert ist auch der romantische Fischerhafen in Borgo Marinario unweit des Castel del'Ovo. Chiaia ist der Stadtteil, in dem reiche Neapolitaner sich einkleiden. Fashionistas aus aller Welt besuchen die schicken Geschäfte, um ja keinen Modetrend zu verpassen. Die Mischung aus monumentalen Gebäuden und edlen Läden prägt diesen Teil der Stadt und sorgt für ein stilvoll-elegantes Ambiente.

6 Insider-Tipps

Galleria Umberto

Die Architektur der prunkvollen Galerie bewundern.

Galleria Borbonica

Ein unterirdisches Abenteuer erleben.

Piazza del Plebiscito

Den größten und wichtigsten Platz der Stadt entdecken.

Marinella

Eine handgefertigte Krawatte oder schöne Accessoires erstehen.

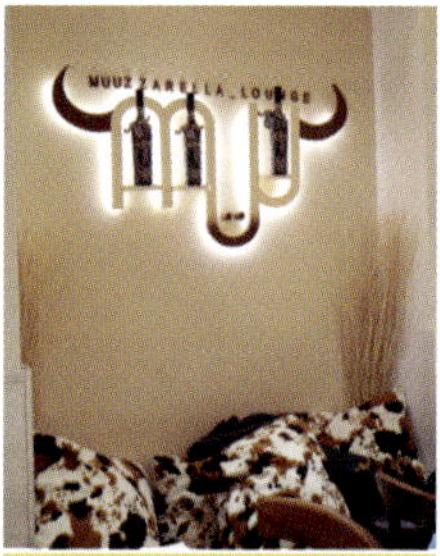

Muu Muuzzarella lounge

Ein köstliches Essen mit Mozzarella in der Hauptrolle genießen.

Gay-Odin

In einem tollen Laden stilvoll naschen.

- **Sehenswürdigkeiten**
- **Shoppen**
- **Essen & Trinken**
- **Neapel live**

Sehenswürdigkeiten

① **Maschio Angioino**, die mächtige mittelalterliche Burg, wird oft auch Castel Nuovo, neue Burg, genannt. Neben den markanten, aus Piperno-Stein errichteten Türmen fällt vor allem der Marmortriumphbogen im Renaissancestil auf, der die Ankunft von König Alfons zeigt. Die Burg beherbergt auch das **Museo Civico** mit einer Sammlung alter Neapel-Gemälde.
via vittorio emanuele III, www.comune.napoli.it, telefon: 081 7957722, geöffnet: mo-sa 9.00-19.00, eintritt: 5 €, u-bahn: 1 municipio

② Der monumentale **Palazzo Zevallos** stammt aus dem frühen 17. Jahrhundert und war der Wohnsitz der flämischen Familie Van den Eynden, die in der Kunstwelt gut vernetzt war. Vor allem der Eingangsbereich mit der Glasdecke ist spektakulär. Gleiches gilt für die imposante Sammlung flämischer und niederländischer Gemälde. Nicht verpassen: Caravaggios *Martyrium der Heiligen Ursula*.
via toledo 185, www.gallerieditalia.com, telefon: 081 7811656, geöffnet: di-so 10.00-18.00, sa 10.00-20.00, eintritt: 4 €, u-bahn: 1 municipio/toledo

⑤ Die prachtvolle überdachte Einkaufspassage, die zwischen 1887 und 1890 nach Plänen von Emanuele Rocco entstand, erinnert sehr an die Mailänder Galleria Vittorio Emanuele II. Überwölbt ist die **Galleria Umberto** von einer riesigen Glaskuppel mit Bronzeskulpturen und Engeln. Im Fußboden sind Mosaiken zu sehen, die die Sternzeichen darstellen. In der Adventszeit steht hier ein großer Weihnachtsbaum, an dem Zettel mit Weihnachtsgrüßen und guten Vorsätzen fürs neue Jahr hängen.
via san carlo, telefon: 081 402394, u-bahn: 1 municipio/toledo

⑦ Der **Palazzo Reale**, der Königspalast, ist nur einer von vier Palästen, die die Bourbonenkönige in Neapel errichten ließen. Dieser hier war die Residenz von vier verschiedenen Fremdherrschern: Spaniern, Österreichern, Bourbonen und dem Haus Savoyen. Besuchen Sie die prachtvollen Säle mit den herrlichen Möbeln und Kunstwerken sowie die Bibliothek, das Privattheater und das Museum. Sehenswert sind auch die riesige Krippe (*presepe*) von 1700 und der wunderbare Palastgarten.
piazza del plebiscito 1, www.coopculture.it, telefon: 081 5808111, geöffnet: mo-di & do-so 9.00-20.00, eintritt: 4 €, u-bahn: 1 municipio/toledo

⑩ Die imposante **Piazza del Plebiscito** ist von bedeutenden Sehenswürdigkeiten wie dem Königspalast umgeben. Die Westseite wird von mächtigen Kolonnaden beherrscht, auf dem Platz befinden sich Statuen verdienter Staatsmänner. Von hier hat man auch einen schönen Blick auf den höher gelegenen Stadtteil Vomero mit dem Kloster San Martino und der Burg Castel Sant'Elmo.
piazza del plebiscito, u-bahn: 1 municipio/toledo

⑪ Die 1836 geweihte **Basilica di San Francesco di Paola** wurde im Auftrag König Ferdinand I. errichtet und sieht dem Pantheon in Rom sehr ähnlich. In den sechs Kapellen und acht Nischen befinden sich Marmorstatuen, Skulpturen und Gemälde.
piazza del plebiscito, www.santuariopaola.it, telefon: 081 7645133, geöffnet: täglich 7.20-12.00 & 15.30-18.00, an feiertagen 8.30-12.30, u-bahn: 1 municipio

⑫ Bourbonenkönig Ferdinand II. war der Auftraggeber der **Galleria Borbonica**, eines unterirdischen Fluchtwegs, der den Königspalast mit der Kaserne verband. Später diente der Tunnel als Krankenhaus, im Zweiten Weltkrieg als Schutzraum und auch einige Zeit als Notunterkunft für Obdachlose. Heute kann der Tunnel besichtigt werden. Eingänge liegen an der Piazza del Plebiscito und an der Via Domenico Morelli. Eine der drei angebotenen Touren beinhaltet eine Fahrt auf dem Wasserreservoir und dem Fluss.
vico del grottone 4, www.galleriaborbonica.com, telefon: 081 7645808, geöffnet: fr-so 10.00, 12.00, 15.30, 17.00, eintritt: 10 €, u-bahn: 1 municipio

⑬ Das **Museo Artistico Industriale** wurde 1882 als Erweiterung der Kunstakademie eröffnet. Zu bewundern ist neben den Werken der besten Studenten der Akademie auch eine bedeutende Sammlung von Keramik, Schmuck, Gemälden und Skulpturen aus aller Welt.
piazzetta demetrio salazar 6, www.cir.campania.beniculturali.it, telefon: 081 7647471, geöffnet: di-sa 9.00-13.00, u-bahn: 1 municipio

㉕ Für die **Villa Pignatelli**, die an der Vorderseite zum Meer hin einen Säulengang mit zehn Säulen aufweist, diente ein Haus in Pompei als Vorbild. Sehenswert sind auch die italienischen und französischen Kutschen im **Museo delle Carrozze**. In der Villa Pignatelli finden oft kulturelle Veranstaltungen statt.
via r. di chiaia 200, www.polomusealenapoli.beniculturali.it, telefon: 081 7612356, geöffnet: mo 8.30-14.00, mi-so 8.30-14.00, eintritt: 2 €, u-bahn: 2 amedeo

(28) Der **Palazzo Arti di Napoli**, oder kurz PAN, ist Galerie und Museum zugleich. PAN zeigt keine Dauerausstellung, sondern veranstaltet neben Ausstellungen zu moderner Kunst, deren Fokus auf Multimedia, Design und Architektur liegt, auch Film- und Buchpräsentationen, Lesungen sowie Workshops.
via dei mille 60, www.palazzoartinapoli.net, telefon: 081 7958604, geöffnet: mo, mi-sa 9.30-19.30, so 9.30-14.30, eintritt: 5 €, u-bahn: 2 amedeo

(29) Für Modefreunde ist das **Museo del Tessile e dell'Abbigliamento Elena Aldobrandini** ein Muss. In diesem Museum, dessen Gebäude auch sehenswert ist, sind allerlei Kleidungsstücke aus dem 18. bis 20. Jahrhundert versammelt. Besuchen Sie auch die dazugehörige Kirche und den Garten.
piazzetta mondragone 18, www.fondazionemondragone.it, telefon: 081 4976104, geöffnet: mo-fr 9.30-13.00 & 15.00-17.00, sa 9.30-13.00, u-bahn: 2 amedeo

Essen & Trinken

(3) Laut eigenen Angaben begannen die Inhaber von **Casa Infante** bereits in den 1940er-Jahren damit, die neapolitanischen Geschmacksnerven zu kitzeln. Damals noch mit einem *tarallo*, einer süditalienischen Variante des Bagels, heute mit Eis. Mit großer Kreativität zaubern sie immer wieder originelle Sorten, die sehr gut ankommen.
via toledo 258, www.casainfante.it, telefon: 36 61542587, geöffnet: mo-fr 10.00-22.00, sa-so 10.00-00.00, preis: eis 2 €, u-bahn: 1 municipio/toledo

(4) **La Sfogliatella Mary** macht die besten *sfogliatelle* (knusprige Blätterteigtaschen) der Stadt. Das kleine Paradies für Naschkatzen ist die erste Anlaufstelle für viele Neapolitaner, wenn es um Feiertagsspezialitäten geht. Beliebt sind zum Beispiel *babà*, ein Hefegebäck mit Rum, und die herzhaften Snacks mit *friarielli*, einer Art Brokkoli, der nur in der Gegend rund um Neapel gedeiht.
via toledo 66, telefon: 081 402218, geöffnet: mi-sa 9.00-20.00, so 9.00-14.30, preis: häppchen 3 €, u-bahn: 1 municipio/toledo

(8) Das nach dem flämischen König Gambrinus, dem Erfinder des Bierbrauens, benannte **Gran Caffè Gambrinus** ist eine Jugendstil-Perle. Lange Zeit war das Literaturcafé Treffpunkt flämischer Künstler und der lokalen Oberschicht. Heute werden in dem sehenswerten Café vorzüglicher Kaffee, Tee und Gebäck serviert – alles in und auf selbst entworfenem Porzellan, das man kaufen kann.
piazza trieste e trento, www.grancaffegambrinus.com, telefon: 081 417582, geöffnet: mo-so 7.00-1.00, preis: espresso 0,90 €, u-bahn: 1 municipio/toledo

(9) In **Il Vero Bar del Professore** sind echte Baristas am Werk. Ihre Spezialität: *caffè alla nocciola*, Kaffee mit Haselnuss, aber auch der Espresso Napolitano ist himmlisch. Werfen Sie nebenbei einen Blick auf die Fotos berühmter Gäste.
piazza trieste e trento 46, www.ilverobardelprofessore.com, telefon: 081 403041, geöffnet: mo-so 8.00-23.00, preis: espresso 0,90 €, u-bahn: 1 municipio/toledo

(16) Die Lage von **Le Bar** ist einmalig: im Herzen von Borgo Marinario und am Fuß des Castel dell'Ovo (siehe Nr. 15). Die Bar hat eine gemütliche Terrasse, auf der immer ein Plätzchen frei ist.
piazzetta marinari 18, www.lebar.it, telefon: 081 7645722, geöffnet: mo-so 18.00-3.00, preis: getränk 2,50 €, u-bahn: 1 municipio

CASA INFANTE ③

⑱ Das **Fresco** an der Via Partenope, dem Lungomare Neapels, ist eine helle und moderne **Trattoria-Pizzeria**, die ihre Gäste mit Klassikern verwöhnt. Versuchen Sie, einen Tisch auf der Terrasse zu bekommen, dann können Sie doppelt genießen: das Essen und die wunderbare Aussicht auf den Vesuv.
via partenope 8, www.frescotrattoria.it, telefon: 081 6582823, geöffnet: mo-so 12.00-16.00 & 19.30-00.00, sa-so auch länger, preis: 15 €, u-bahn: 1 municipio

⑲ **La Casa di Ninetta** ist das Restaurant der bekannten neapolitanischen Schauspielerin Lina Sastri. Im Wohnzimmerambiente mit alten Stühlen, Lampen und einer Leseecke werden einfache, aber typisch neapolitanische Gerichte serviert. Manchmal singt Lina auch für ihre Gäste.
via tommaseo 11-12, www.lacasadininetta.it, telefon: 081 7647573, geöffnet: mo-fr 18.00-00.00 sa-so 12.00-00.00, preis: 20-30 €, u-bahn: 1 municipio

⑯ **LE BAR**

㉖ Allein der Anblick der Schokolade von **Gay-Odin** lässt einem das Wasser im Mund zusammenlaufen! Die Philosophie des Gründers Isidoro Odin – geschmackvolle Produkte für das lebensfrohe Volk am Vesuv herzustellen – hat auch heute noch Bestand. Geschmackvoll ist auch die Einrichtung der Läden von Gay-Odin, von denen es in Neapel zehn gibt. Verkauft wird Schokolade aller Art, schön verpackt in Schachteln, auf denen der Vesuv dargestellt ist. *via carducci 29, www.gay-odin.it, telefon: 081 417843, geöffnet: mo-sa 10.00-19.00, preis: eis 2 €, u-bahn: 2 amedeo*

(30) Das helle Café **Birdy's Bakery Napoli** verwöhnt seine Gäste mit internationalen Gaumenfreuden und belegt, dass Neapel offen für Neues ist. Neben *American pancakes* sind Cupcakes, leckeres Softeis und herzhaft belegte Bagels die Spezialitäten des Lokals. Tipp: Sie können auch ein Lunchpaket für ein Picknick in der Villa Comunale bestellen.
vico belledonne a chiaia 14a/b, www.birdysbakery.com, telefon: 081 4976400, geöffnet: mo-di 7.00-21.00, mi-do 7.00-23.00, fr & so 7.00-1.00, sa 7.00-2.00, preis: häppchen und getränk 4 €, u-bahn: 2 amedeo

(31) **Muu, Muuzzarella lounge** ist Laden, Restaurant und Loungebar in einem. Wie der Name schon sagt, dreht sich in dem Lokal mit den weißen Wänden, dem Holzfußboden und den bequemen Stühlen alles um Mozzarella di Bufala DOP. Das Ziel der vier jungen neapolitanischen Inhaber ist einfach und innovativ zugleich: Sie wollen ein beliebtes Traditionsprodukt noch beliebter machen. Tipp: Nehmen Sie ab 19 Uhr einen Drink im eleganten Speisezimmer L'Apiri-muu!
vico II alabardieri 7, www.muumuuzzarellalounge.it, telefon: 081 405370, geöffnet: mo-so 10.00-00.00, preis: 15-30 €, u-bahn: 2 amedeo

(32) Das gehobene **Gran Caffè la Caffettiera** liegt an der prunkvollen Piazza dei Martiri. Von der Terrasse blick man direkt auf die Säule mit der Bronzeskulptur zu Ehren der Märtyrer. Nicht nur der Espresso ist empfehlenswert, auch die Cocktails, die Spumanti und die Antipasti sollten sie unbedingt probieren.
piazza dei martiri 26, www.grancaffelacaffettiera.com, telefon: 081 7644243, geöffnet: mo-do 7.00-22.30, fr 7.00-00.00, sa 7.00-2.00, sa 8.00-23.00, preis: getränk auf der terrasse 3-5 €, u-bahn: 2 amedeo

(36) 1889 besuchten König Umberto und Königin Margherita das Schloss in Capodimonte hoch über Neapel, das heute das Nationalmuseum beherbergt. Bekocht wurde das Königspaar von den Betreibern der **Pizzeria Brandi**. Brandis Pizza mit Mozzarella, Tomaten und Basilikum hatte es Margherita so angetan, dass sie kurzerhand nach ihr benannt wurde. Essen bei Brandi bedeutet daher fast automatisch die weltberühmte Pizza Margherita bestellen.
salita sant'anna di palazzo 1-2, www.brandi.it, telefon: 081 416928, geöffnet: di-so 12.30-15.30 & 19.30-23.30, preis: pizza 7 €, u-bahn: 1 municipio

㉗ PK BY PASKAL

Shoppen

(20) **Il Mercatino Glamour** verkauft Secondhandmode, aber nicht irgendwelche. Hier findet man zum Beispiel Kleider einer berühmten Schauspielerin, die während einer Premiere getragen wurden, oder Strandhüte aus den 1960er-Jahren. Das Motto des Ladens: ausgesuchte Mode aus zweiter Hand.
via domenico morelli 61, https://www.facebook.com/IlMercatinoGlamur, telefon: 081 7644451, geöffnet: mo-sa 10.00-13.30 & 16.30-20.30, u-bahn: 1 municipio, 2 amedeo

(22) Bei **Marinella** dreht sich alles um Krawatten, Taschen, Uhren und andere Accessoires für Sie und Ihn. Der 1914 gegründete Laden ist seit drei Generationen in Familienbesitz. Enkel Maurice verbrachte ab seinem 10. Lebensjahr ganze Tage bei seinem Großvater im Geschäft. In der Adventszeit ist der Andrang in dem kleinen Laden so groß, dass sich vor der Tür Warteschlangen bilden. Um das Anstehen erträglich zu machen, werden dann Kaffee und neapolitanische Köstlichkeiten gereicht.
riviera di chiaia 287, www.marinellanapoli.it, telefon: 081 2451182, geöffnet: mo-sa 9.00-20.00, u-bahn: 2 amedeo

(27) Bei **PK by Paskal**, einem großräumigen modernen Laden mit Holzfußboden, gibt es elegante Schuhe, stilvolle Outfits und Taschen für Sie und Ihn. Alles bekannte Marken und eine Kollektion, die den letzten Modetrends folgt. Kein Wunder, dass PK zur ersten Adresse gut betuchter junger Neapolitaner geworden ist.
via dei mille 83, www.pkbypaskal.it, telefon: 081 409466, geöffnet: mo-fr 9.30-13.30 & 16.00-20.00, sa 9.30-14.00 & 16.30-20.30, so 9.30-13.30, u-bahn: 2 amedeo

(33) In der Boutique **Livio de Simone** stehen Mode, Handwerk und Industrie Seite an Seite und verschmelzen zu einmaligen Kreationen der Marke di Livio. Heute wird der Laden von Ehefrau und Tochter geführt. In der Stoffabteilung findet man neben Tischdecken und Bettbezügen auch Vorhänge, Möbel und sogar Kleidung – alles Unikate und handgefertigt. Farben, Entwürfe und Schnitte in Hülle und Fülle – nehmen Sie sich Zeit.
via domenico morelli 15, www.lds-fabrics.com, telefon: 081 7643827, geöffnet: mo-sa 10.30-13.30 & 16.30-20.00, u-bahn: 2 amedeo, 1 municipio

(34) Der kleine Laden **Cioccolateria Dolce e Amaro** verkauft köstliche selbst gemachte Schokoladenprodukte. Wie der Name schon sagt: von süß bis bitter. Für jeden Geschmack ist etwas dabei. Inhaberin Rosaria ist sehr herzlich und lässt Kunden gerne kosten. Das Gekaufte wird dann nicht nur schön, sondern auch originell verpackt.
via chiaia 160, telefon: 081 400065, geöffnet: mo-fr 9.00-13.00 & 14.00-18.00, sa 9.00-13.00, u-bahn: 1 municipio, 2 amedeo

(35) Versteckt in einer kleinen Gasse seitlich der Via Chiaia befindet sich der bunte Laden **Happy Vintage To You**. Schauen Sie doch vorbei und stöbern Sie zwischen schöner Vintage-Kleidung, Sonnenbrillen und Tonträgern.
via chaia 18, happyvintagetoyou.wordpress.com, telefon: 32 90025275, geöffnet: mo-so 9.00-20.00, u-bahn: 1 municipio

Neapel live

⑥ Das 1737 eröffnete **Teatro San Carlo** ist eines der ältesten Opernhäuser Europas. Auffällig sind die Spiegel in den Logen. Sie wurden einst angebracht, um Besuchern, die hier vor der Vorstellung Karten spielten und plauderten, den Blick auf die königliche Loge zu erleichtern. Denn sobald der König kam, mussten sich alle anderen erheben. Das Theater kann im Rahmen einer Führung besichtigt werden. Stimmungsvoller ist es natürlich, eine Vorstellung zu besuchen. Die Opernsaison läuft von Januar bis Mai, die Ballettsaison von April bis Anfang Juni.
via san carlo 98f, www.teatrosancarlo.it, telefon: 081 7972111, geöffnet: je nach vorstellung (siehe website), u-bahn: 1 municipio/toledo

⑭ Mieten Sie sich eine Vespa bei **Vespa Sprint** und genießen Sie die Freiheit, Neapel mit einem Motorroller zu erkunden. Von Vespa Sprint aus können Sie an der Promenade entlangfahren, Posillipo erkunden und dann die Altstadt durchqueren. Auf einem Roller fühlen Sie sich schnell wie ein Einheimischer.
via santa lucia 32, www.vespasprint.it, telefon: 081 7643452, geöffnet: mo-so 9.00-20.00, u-bahn: 1 municipio

⑮ Das **Castel dell'Ovo** (Eierfestung) befindet sich im ehemaligen Fischerdorf Borgo Marinario. Angeblich legte der Dichter Vergil ein Ei in das Fundament, gemäß dessen Zustand – heil oder kaputt – auch die Festung wie die Stadt Glück oder Unglück erfahren sollten. Ein Besuch der Festung ist schon allein wegen der Aussicht auf die Stadt ein Muss. Wenn Sie Glück haben, findet gerade eine kostenlose Ausstellung lokaler Künstler statt.
borgo marinario, telefon: 081 2464334, geöffnet: mo-fr 8.00-19.00, an feiertagen 8.00-14.00, eintritt: frei, u-bahn: 1 municipio

⑰ **Fox rent bike** vermietet Fahrräder aller Art, mit denen man zum Beispiel den autofreien Lungomare, die Promenade, erkunden kann. Oder buchen Sie bei biketour Napoli (www.biketournapoli.com) eine geführte Radtour zu den schönsten Hotspots der Stadt wie zum Beispiel den Phlegräischen Feldern (Campi Flegrei).
via partenope 37c, www.foxrent.it, telefon: 081 7645060, geöffnet: mo-so 9.00-20.00, u-bahn: 1 municipio

GALLERIA LIA RUMMA ㉑

⑮ CASTEL DELL'OVO

(21) Die **Galleria Lia Rumma** wurde 1971 eröffnet und hat seit 1999 sogar eine Niederlassung in Mailand. Anfangs lag der Fokus der Kunstgalerie auf bedeutenden internationalen Kunstrichtungen wie Arte Povera ("arme Kunst"), Minimalismus, Land Art oder Konzeptkunst. Heute erfüllt sie eine wichtige Rolle in der Zusammenarbeit italienischer und internationaler Museen, veranstaltet Ausstellungen und öffentliche Projekte.
via vannella gaetani 12, www.liarumma.it, telefon: 081 1981 2354, geöffnet: di-sa 11.00-13.30 & 14.30-19.00, mo nur nach vereinbarung, u-bahn: 1 municipio, 2 amedeo

(23) Die **Villa Comunale**, der Stadtpark, wurde 1780 im Auftrag des damaligen Königs Ferdinand IV. von Neapel angelegt. Als Teil des Königspalastes war er damals nicht für das Volk geöffnet. Heute gehört der Park am Lungomare zu den schönsten Grünanlagen der Stadt und trennt das Meer von der Stadt. Markant sind die wunderbaren Weiden. Des Weiteren gibt es Spielplätze, einladende Spazierwege, Springbrunnen und den Jugendstilpavillon Casa Armonica. An Wochenenden finden im Pavillon regelmäßig Veranstaltungen statt wie zum Beispiel ein Markt mit Regionalprodukten, im Sommer Open-Air-Kino.
piazza vittoria, www.comune.napoli.it/flex/cm/pages/ServeBLOB.php/L/IT/IDPagina/22431, telefon: 081 7953614, geöffnet: nov.-apr. 7.00-22.00, mai-okt. 7.00-00.00, u-bahn: 2 amedeo

(24) **La Stazione Zoologica Anton Dohrn: l'Acquario delle meraviglie** geht auf eine Initiative des deutschen Zoologen und Darwinisten Anton Dohrn zurück und wurde 1872 eröffnet. Das prachtvolle Gebäude, das die zoologische Station beherbergt, ist sehenswert. Im Aquarium tummeln sich zahlreiche Fischarten aus dem Golf von Neapel, zum Beispiel ein Tintenfisch, der die Farbe wechselt, sobald er sich erschreckt. Einige Fische darf man sogar berühren.
villa comunale, www.szn.it, telefon: 081 583 3111, geöffnet: märz-okt. di-sa 10.00-18.00, so & feiertage 10.00-19.30 nov.-febr. di-sa 9.00-17.00, so & feiertage 9.00-14.00, eintritt: 1,50 €, u-bahn: 2 amedeo

Chiaia, Piazza Plebiscito & Lungomare

SPAZIERGANG 2 (ca. 6 km)

Den Spaziergang mit einer Burg-Visite beginnen (1). Die Via Vittorio Emanule III überqueren und rechts Richtung Piazza Municipio, wo Sie links in die Via Paolo Emilio Imbriani einbiegen. Am Ende der Straße links in die Via Toledo gehen, um eine Galerie (2) zu besuchen und etwas Süßes zu essen (3) (4). Richtung Galleria Umberto (5) weitergehen, um das Teatro San Carlo (6) und den Palazzo Real (7) zu bewundern. Nach einem Drink (8) (9) die Piazza del Plebiscito (10) überqueren, um die Kirche San Francesco di Paola zu besuchen (11). Auf der Nordseite des Platzes an der Piazza Carolina vorbei in die Via Gennaro Serra einbiegen, um einen unterirdischen Fluchtweg (12) zu bestaunen. Zurück am Platz rechts Richtung Rampe Paggeria mit dem Museum (13) gehen oder geradeaus über die Via Console Cesario Richtung Meer. In der Via Santa Lucia, der ersten Straße rechts, können Sie eine Vespa mieten (14). Dann links Richtung Lungomare spazieren und dort weiter bis zum Castel dell'Ovo (15), wo Sie etwas trinken können (16). Zurück am Lungomare können Sie auf ein Fahrrad umsatteln (17). Danach in der Via Nicolo Tommaseo etwas essen (18) (19). Am Ende der Straße rechts und gleich wieder links gehen. Die Straße überqueren und weiter Richtung Piazza Vittoria gehen, wo sich einige nette Läden und Galerien (20) (21) (22) befinden. Im Stadtpark (23) einen Spaziergang machen und das Aquarium (24) aufsuchen. Den Park verlassen und die Straße Richtung Villa Pignatelli (25) an der Riviera di Chiaia überqueren. Die Via Ascensione hinaufgehen, am Ende rechts abbiegen und sofort wieder links, um zur Via Vittoria Colonna (26) (27) zu gelangen. Kunst im PAN (28) bestaunen. Fashionistas folgen der Via Dei Mille und gehen die Treppen hinauf Richtung Textil- und Kleidungsmuseum (29). Süßmäuler biegen schon eher rechts ab, um über die Via Nicola Nisco in den Vico Belledonne (30) und Vico II Alabardieri (31) zu gelangen. Zurückgehen und links in die Via Bisignano. Am Ende der Straße links Richtung Piazza dei Martiri gehen, um eine Pause einzulegen (32). Wer sich für handgefärbte Stoffe interessiert, wird fündig in der Via Domenico Morelli (33). Danach zum Platz zurückkehren und rechts in die Via Santa Catarina, wo eine romantische Gasse beginnt, die Via Chiaia. Hier kann man ausgiebig shoppen (34) (35) und tafeln (36). Am Ende der Via Chiaia erreichen Sie wieder die Piazza Plebiscito.

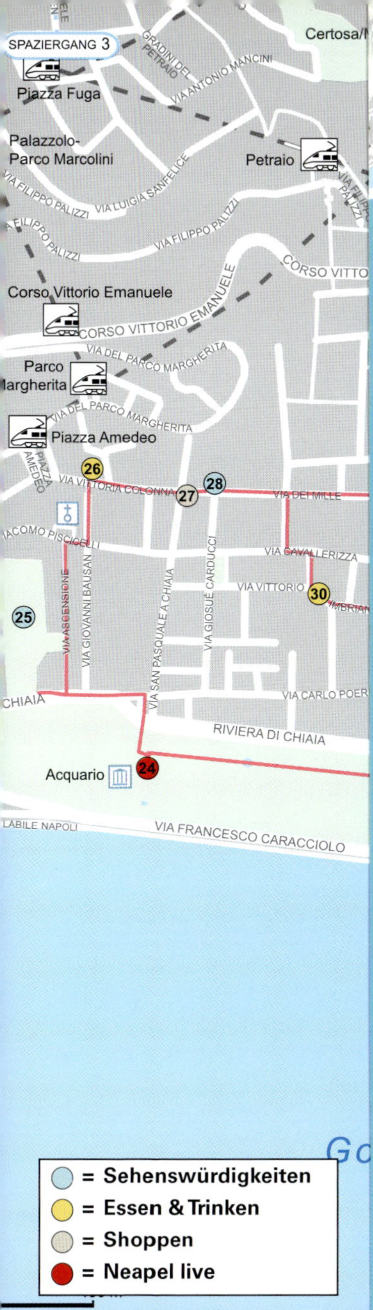

2

1. Maschio Angioino & Museo Civico
2. Palazzo Zevallos
3. Casa Infante
4. La Sfogliatella Mary
5. Galleria Umberto
6. Teatro San Carlo
7. Palazzo Reale
8. Gran Caffè Gambrinus
9. Il Vero Bar del Professore
10. Piazza del Plebiscito
11. Basilica di San Francesco di Paola
12. Galleria Borbonica
13. Museo Artistico Industriale
14. Vespa Sprint
15. Castel dell'Ovo
16. Le Bar
17. Fox rent bike
18. Fresco Pizzeria Trattoria
19. La Casa di Ninetta
20. Il Mercatino Glamour
21. Galleria Lia Rumma
22. Marinella
23. Villa Comunale
24. La Stazione Zoologica: l'Acquario
25. Villa Pignatelli/Museo Carrozze
26. Gay-Odin
27. PK by Paskal
28. Palazzo Arti di Napoli
29. Museo Elena Aldobrandini
30. Birdy's Bakery Napoli
31. Muu, Muuzzarella lounge
32. Gran Caffè la Caffettiera
33. Livio de Simone
34. Cioccolateria Dolce e Amaro
35. Happy Vintage To You
36. Pizzeria Brandi

Vomero & Spanisches Viertel

Attraktive Einkaufsstraßen und ein spanisches Arbeiterviertel

Der Stadtteil Vomero liegt auf dem Hügel San Martino oberhalb des restlichen Stadtgebiets. Das ist aber nicht der einzige Unterschied. Anders als in der "Unterstadt" sind in Vomero die Straßen breiter und die Boulevards von hohen Bäumen gesäumt. Ansonsten ist es wie anderswo in Neapel: Es gibt viele Straßencafés, imposante Gebäude und natürlich zahlreiche Geschäfte – eine Mischung aus modern und traditionell, bekannte Ketten neben kleinen, unabhängigen Boutiquen. Vomero ist auch reich an Bars, Pizzerien, Theatern und Möglichkeiten zum Ausgehen.

Im Park von Vomero, La Villa Floridiana, kann man wunderbar spazieren gehen sowie den Schatten und den tollen Blick auf den Hafen Mergellina und das Nobelviertel Posillipo genießen.

Auch der Besuch des Castel Sant'Elmo mit dem Kloster San Martino lohnt sich. Von der Burg blickt man über die Altstadt, das Spanische Viertel (Quartieri

3

Spagnoli), die Spaccanapoli und den Golf von Neapel. Im Kloster können Sie eine besondere Kapelle, einen tollen Garten und ein interessantes Museum erkunden, in dem traditionelle Krippen gezeigt werden, die teils aus dem 18. Jahrhundert stammen.

Von Vomero aus erreicht man über eine Treppe, die Pedamentina, das Spanische Viertel. Errichtet wurde es im 16. Jahrhundert, um spanische Soldaten unterzubringen, die mögliche Aufstände der Bevölkerung im Keim ersticken oder bei der Eroberung weiterer Gebiete eingesetzt werden sollten. Von Beginn an hatte das Viertel einen schlechten Ruf. Das Bedürfnis der Soldaten nach Zerstreuung führte dazu, dass Prostitution und Kriminalität blühten. Heute ist das Arbeiterviertel eine gemütliche und lebendige Gegend, die einiges zu bieten hat.

6 Insider-Tipps

Cafè do Brasil

Einen brasilianischen Kaffee trinken.

Fonoteca

Etwas essen und zwischendurch in Schallplatten stöbern.

Certosa di San Martino

Ein geschichtsträchtiges Kloster mit Museum besuchen.

Trattoria Da Nennella

Traditionelle Gerichte einer echten Mamma genießen.

Mercato Pignasecca

Auf einem Markt den Alltag in Neapel hautnah erleben.

Metro Art Tour

Die schönste U-Bahn-Station Europas bewundern.

- **Sehenswürdigkeiten**
- **Shoppen**
- **Essen & Trinken**
- **Neapel live**

Sehenswürdigkeiten

(10) Ein weiterer Höhepunkt im Park La Villa Floridiana ist das **Museo Duca di Martina**, in dem man kostenlos eine Keramiksammlung mit mehr als 5000 Exponaten aus aller Welt bewundern kann.
la villa floridiana, via domenico cimarosa 77 oder via aniello falcone 171, www.polomusealenapoli.beniculturali.it/museo_dm/museo_dm.html, telefon: 081 5788418, geöffnet: so-mo 8.30-13.15, mi-sa 8.30-13.13, eintritt: 2,50 €, funicolare di chaia: piazza amadeo oder cimarosa

(30) Das **Castel Sant'Elmo** blickt auf eine bewegte Vergangenheit zurück, die bis ins frühe 14. Jahrhundert reicht. Erbaut wurde die Festung unter Robert von Anjou, verstärkt und erweitert in der spanischen Ära. Ab Mitte des 19. Jahrhunderts diente das mächtige Bollwerk als Gefängnis. Heute finden in den Sälen der Festung Wechselausstellungen und kulturelle Veranstaltungen statt. Vom Castel Sant'Elmo aus haben Sie einen großartigen Blick auf Neapel, vor allem auf die Spaccanapoli, einen der drei Decumani, auf den Golf von Neapel und die Inseln Capri, Procida und Ischia.
via tito angelini 22, www.polomusealenapoli.beniculturali.it/museo_se/museo_se.html, telefon: 081 2294401, geöffnet: mo 8.00-19.00, mi-so 8.00-19.00, eintritt: 5 €, funicolare di montesanto: via morghen

(31) 1325 wurde mit dem Bau des Kartäuserklosters **Certosa di San Martino** begonnen. Das Kloster, das vollständig von einer Mauer umgeben ist, hinter der die Mönche wie Einsiedler lebten, weist lange Gänge mit Marmorsäulen und zahlreiche Barockelemente auf, die im Zuge späterer Veränderungen angebracht wurden. Sehenswert sind auch die Kirche, die Kapellen und das Museo di San Martino, in dem man neben Gegenständen und Dokumenten aus der Vergangenheit Neapels auch Krippen bewundern kann.
largo san martino 5, www.polomusealenapoli.beniculturali.it, telefon: 081 2294541, geöffnet: mo-di 8.30-19.30, do-so 8.30-19.30, eintritt: 6 €, funicolare di montesanto: via morghen

Essen & Trinken

(2) Lust, den Tag mit etwas Süßem zu beginnen? Dann ist **Dolce Idea** die richtige Adresse. All die Köstlichkeiten, um die Neapel beneidet wird, findet man in diesem Laden. Die Inhaber halten gerne ein Schwätzchen und präsentieren immer wieder neue süße Ideen.
via giuseppe bonito 2, www.dolceidea.com, telefon: 081 5560563, geöffnet: mo-sa 9.30-14.00 & 16.00-20.00 so 10.00-14.00, preis: süßer snack 2 €, funicolare di montesanto: via morghen

(4) **Fonoteca** ist Bar, Restaurant, Musikladen und Treffpunkt jüngerer Neapolitaner. Wer zu einem Glas Wein aus der Region guter Musik lauschen will, sollte hier vorbeischauen. Essen kann man für wenig Geld. Es gibt sogar vegetarische Gerichte. Zwischendurch können Sie dann in CDs oder Schallplatten stöbern. Suchen Sie etwas Bestimmtes? Fragen Sie einfach Roberto, er hilft gern beim Suchen.
via morghen 31, www.fonoteca.net, telefon: 081 5560338, geöffnet: mo-mi 10.00-1.00, do-sa 10.00-2.00, so 18.30-1.30, funicolare di montesanto: via morghen

(5) Neapolitaner essen gern, und ganz besonders lieben sie Frittiertes. Die 1938 eröffnete **Friggitoria Vomero** ist aus Vomero nicht mehr wegzudenken. Hier kann man aus frittierten Köstlichkeiten wie Auberginenscheiben, *zeppoline* (Art Krapfen), mit Ricotta gefüllten Zucchiniblüten oder lokalen Spezialitäten *panzarotti* (mit Kartoffeln) oder *arancini* (mit Reis) wählen.
via domenico cimarosa 44, telefon: 081 5783130, geöffnet: mo-fr 8.30-21.00, sa 8.30-22.30, preis: tüte 2 €, funicolare di chiaia: cimarosa

(7) **Sogni di Latte** ist ein Paradies für Liebhaber von Milchprodukten. Hier wird Italiens bester Käse verkauft. Es werden zwar nur zwei Sorten Mozzarella angeboten, dafür die besten, die es gibt: eine aus der Gegend um Benevento, die andere aus Paestum. Außerdem kann man sich mit Honig, Bio-Marmeladen, Brot und lokalem Qualitätswein eindecken.
via kerbaker 15, www.sognidilatte.it, telefon: 081 19514909, geöffnet: im sommer mo-fr 8.00-14.00 & 16.00-21.00, sa 9.00-14.00, im winter: mo-fr 8.00-20.00, sa 9.00-20.00, preis: 1 kg mozzarella 15 €, funicolare di chiaia: cimarosa, u-bahn: 1 vanvitelli

ARX CAFÈ ㉙

⑧ Die **Pizzeria Acunzo** ist die bekannteste Pizzeria von Vomero. Die Pizzen sind himmlisch, manche auch sehr ausgefallen wie die mit Pasta. Serviert werden die Gerichte auf eisernen Tellern – ein Gaumen- und Augenschmaus. *via cimarosa 60-62, www.pizzeriaristoranteacunzo.com, telefon: 081 5785362, geöffnet: mo-so 12.30-15.30 & 19.30-2.00, preis: 12,50 €, funicolare di chiaia: cimarosa*

⑫ Die **Trattoria Caprese** verwöhnt ihre Gäste nicht nur mit gesunden, saisonal abgestimmten Gerichten, sondern schont auch deren Geldbeutel. Und für den, der eine entspannte Atmosphäre schätzt, bietet sich der schöne Garten an. *via luca giordano 25, www.trattoriacaprese.it, telefon: 081 5587584, geöffnet: mo-so 12.00-15.30 & 19.00-00.30, preis: 20 €, funicolare di chiaia: piazza amedeo oder cimarosa*

⑬ CAFÈ DO BRASIL

⑬ "Su con la Vita!", so lautet das Motto des **Cafè do Brasil**, "Kopf hoch!" Wer etwas Aufmunterung braucht, sollte sich in diesem Lokal einen Espresso inklusive eines Lächelns des Barristas gönnen. Schon sieht die Welt wieder anders aus. Das Café ist sehr beliebt – seit 1955 treffen sich hier regelmäßig die Einheimischen. Die Spezialität ist Kaffee aus brasilianischen Kaffeebohnen mit Schlagsahne. Daher auch der Name, denn auf den Säcken, die früher im Hafen abgeladen wurden, stand Cafè do Brasil.
via luca giordano 31, telefon: 081 5564568, geöffnet: täglich 7.30-21.00, preis: espresso 0,90 €, funicolare di chaia: piazza amedeo oder cimarosa

⑭ Wer *taralli* mag, herzhafte Gebäckkringel mit Pfeffer und Mandeln, der muss Leopoldo aufsuchen. **Leopoldo** hat einige Filialen in Neapel, die in Vomero sticht jedoch hervor. Beliebt ist das Lokal auch wegen seiner frischen Nudelgerichte, des Eises und des Kuchens. Die Bedienung ist immer freundlich und zum Plaudern aufgelegt, die Einrichtung ist hell und modern und von der Terrasse aus kann man in aller Ruhe das Treiben auf dem Platz beobachten.
via luca giordano 45, www.leopoldoinfante.it, telefon: 081 19303623, geöffnet: mo-sa 8.00-20.00, preis: espresso mit etwas dazu 3,50 €, u-bahn: 1 vanvitelli

⑮ **Panificio e Pasticceria Grieco** ist in Vomero ein Begriff. Zu finden ist dieser Bäcker ganz leicht – einfach der Nase nach. Hier gibt es herzhafte Snacks, Brötchen aller Art und süße Köstlichkeiten, mit denen Sie Ihren Blutzuckerspiegel im Nu wieder auf Vordermann bringen.
via luca giordano 81, www.panificiogrieco.it, telefon: 081 5563027, geöffnet: mo-sa 8.30-20.00, preis: herzhafter snack 1,50 €, u-bahn: 1 vanvitelli

⑯ Appetit auf einen schnellen gesunden Snack oder ein Mittagessen? Dann bietet sich das **Mirecla** an. Zubereitet wird alles aus frischen Zutaten der Region. Sehr beliebt sind nicht nur die Milkshakes, Smoothies, Salate und der *frozen yogurt*, sondern auch die hausgemachten Kuchen mit Apfel, Karotte oder Blaubeeren. Mirecla ist mehr als nur ein Café, es ist ein kleines Paradies inmitten der Großstadt.
via tino da camaino 5, www.facebook.com/mirecla.vomero, telefon: 081 18864460, geöffnet: mo-sa 9.00-20.00, preis: snack 3 €, u-bahn: 1 medaglie d'oro

(17) **Nonna Titti** ist eine gute Wahl, wenn Sie Lust haben auf ein schnelles traditionelles Mittagessen. Viele Neapolitaner kommen mittags hierher, um ihren Hunger mit Pasta, Lasagne, gegrilltem Gemüse, einem Stück Pizza oder einem mit Schinken, Speck oder *provola* (süditalienischer Hartkäse) belegten Brötchen zu stillen. Alles hausgemacht und frisch!
via tino di camaino 8, siehe nonna titti auf facebook, telefon: 081 0195354, geöffnet: mo-sa 12.00-20.00, preis: 3-7 €, u-bahn: 1 medaglie d'oro

(18) In der **Graffeteria Magn Magn** dreht sich alles um *graffa*. Das hausgemachte Süßgebäck in Donut-Form wird frittiert und anschließend in Zucker gewendet – ein Muss für alle Naschkatzen!
via mario fiore 43, siehe graffeteria magn magn auf facebook, telefon: 081 0491849, geöffnet: mo-so 19.00-00.00, preis: graffa 1 €, u-bahn: 1 medaglie d'oro

(24) Wer einen Blick durch das Fenster der **Osteria Donna Teresa** wirft, solange sie noch geschlossen hat, wird vermutlich Teresa oder eines der anderen Familienmitglieder beim Gemüseschneiden an einem Tisch sitzen sehen – wie bei einer italienischen Familie zu Hause. Und genau so ist auch das Essen: einfach, ohne großen Schnickschnack und superlecker.
via michele kerbaker 58, telefon: 081 556 7070, geöffnet: mo-sa 13:00-15.00 & 20.00-22.30, preis: 10-15 €, u-bahn: 1 vanvitelli

(28) **La Cantina Donna Elena** ist ein kleines Restaurant mit einer romantischen Miniterrasse, auf der Zweiertische zum Verweilen einladen. Das Ambiente ist sehr familiär, das Essen einfach, aber gut und die Preise sind moderat. Inhaber Antonello hält gern ein Schwätzchen mit seinen Gästen. Wetten, dass er Sie zu einem erfrischenden Smoothie überreden wird?
via tito angelini 16, www.facebook.com/cantinadonnaelena, telefon: 081 578 6033, geöffnet: mo, mi-so 11.00-15.30 & 18.00-00.00, preis: 15 €, funicolare di montesanto: via morghen

(29) Das **Arx Cafè** ist sehr beliebt und vor allem abends Treffpunkt jüngerer Neapolitaner. Das Lokal erstreckt sich über zwei Etagen und bietet eine tolle Aussicht. Schon deshalb sollten Sie einen Besuch einplanen.
via tito angelini 20c, telefon: 081 5568858, geöffnet: mo & mi-so 10.00-00.00, preis: getränk 2 €, funicolare di montesanto: via morghen

TRATTORIA DA NENNELLA (34)

(34) Im Herzen des Spanischen Viertels liegt die **Trattoria Da Nennella** ("beim Mädchen"). Das Lokal wirkt sehr familiär, so als wäre man bei Freunden eingeladen. Angeboten werden einfache Traditionsgerichte wie Pasta mit Bohnen oder mit Kartoffeln und *provola* (süditalienischer Hartkäse) – köstlich und nicht teuer. Hier wird Gemütlichkeit großgeschrieben!
vico lungo teatro nuovo, www.facebook.com/TrattoriaDaNennella, telefon: 081 414338, geöffnet: mo-sa 12.15-15.00 & 19.00-23.30, preis: 10-15 €, u-bahn: 1 toledo

Shoppen

(3) In Vomero ist **Lunaria** eine Institution. Dort kaufen die Anwohner den Schmuck für einen besonderen Anlass wie Taufe, Geburtstag, Kommunion oder Hochzeit. Das Schenken von Schmuck zu solchen Gelegenheiten hat Tradition in Italien, da wird auch nicht geknausert.
via scarlatti-ang. oder via morghen 41, www.lunariagioielli.com, telefon: 081 5785142, geöffnet: mo-sa 9.00-13.00 & 16.30-20.00, funicolare di montesanto: via morghen

(11) Das Motto von **Vanesia** lautet: weniger ist mehr! Genau das Richtige für jemanden, der ganz besondere Schuhe zum Beispiel von Roberto del Carlo, Fiorentini & Baker, Pas de Rouge, Audley London, Stephane Kelian, United Nude, Villumiere oder Pretty Ballerinas sucht.
via cimarosa 91/e, www.vanesia.net, telefon: 081 5781985, geöffnet: mo-sa 9.00-13.00 & 16.00-20.00, funicolare di chiaia: piazza amedeo oder cimarosa

(20) Die Keramik aus Vietri sul Mare an der Amalfiküste ist weltberühmt. Wer handgefertigte Produkte für Küche oder Bad kaufen möchte, sollte bei **Ceramiche di Vietri di Rosario Fasano** vorbeischauen. Sehr schön sind die Espressotassen und das Limoncello-Set. Da es auch einen Webshop gibt, weiß man hier, wie man Zerbrechliches sicher verpackt.
via sergio abate 14, www.ceramichedivietri.com, telefon: 081 578 6924, geöffnet: mo-sa 9.00-20.30, u-bahn: 1 medaglie d'oro

(21) Beim Betreten der **Profumeria Sares** taucht man in eine andere Welt ein. In dieser Oase mit faszinierenden, einzigartigen und schönen Dingen – Parfüms, ätherischen Ölen und Schmuck aus aller Welt – fühlt man sich einfach wohl.
via g. merliani 84, www.profumeriasares.com, telefon: 081 5789006, geöffnet: täglich 10.00-13.30 & 16.30-20.00, u-bahn: 1 vanvitelli

(22) Wer bei **Antonio Spatarella** etwas kauft, weiß, dass er ein Qualitätsprodukt erwirbt. Schon seit 1920 dreht sich bei Familie Spatarella alles um Leder. Antonio, einer der acht Enkel des Gründers Cyrus, hat den Laden in Vomero eröffnet und verkauft Handtaschen, Koffer, Schuhe und Accessoires aus Leder.
via solimene 82c, www.spatarellavomero.it, telefon: 081 5562821, geöffnet: mo-sa 9.30-13.30 & 16.30-20.00, u-bahn: 1 vanvitelli

20

23

(23) **Yo Soy Feliz** – ein spanischer Name für eine echt neapolitanische Boutique mit farbenfroher, moderner Kinder- und Frauenkleidung, teils im Flower-Power-Stil. Ob Accessoires, Schmuck, Taschen oder Geldbeutel – alles ist sorgfältig auf den Stil des Ladens abgestimmt. Ein Sortiment, das gute Laune macht.
via scarlatti 128, www.yosoyfeliz.eu, telefon: 081 5708311, geöffnet: mo-fr 10.00-20.00, sa 10.30-20.30, so 10.00.17.00, u-bahn: 1 vanvitelli

(25) **Arti e Mestieri e dintorno** verkauft Design für drinnen und draußen – alles *made in Italy*. Die Accessoires, die Designer Massimo Tani und Francis Adriano Pizzi herstellen, sind immer irgendwie witzig oder ausgefallen.
via kerbaker 56, www.artiemestieri.it, telefon: 081 5562306, geöffnet: mo-sa 9.00-13.30 & 16.30-20.30, u-bahn: 1 vanvitelli

(26) Bei **Gaya Wo Man** bekommt man hauptsächlich italienische Modemarken. Die schöne Kollektion ist umfangreich und vor allem schlicht – einfache, aber raffinierte Schnitte und sonst fast nichts von dem ansonsten so typisch italienischen Schnickschnack.
via scarlatti a. 43, www.facebook.com/gaya.w.man, telefon: 081 5588746, geöffnet: mo 16.30-20.00, di-sa 10.00-13.30 & 16.30-20.00, funicolare di montesanto: via morghen

(27) Bei **De Paola Cameos** werden kleine handgefertigte Meisterwerke verkauft: fein gearbeitete Kameen, Halsketten aus Korallen, Ohrringe und Armreifen. Die Kollektion ist eine Mischung aus Alt und Neu. Interessierten erzählen die Inhaber gern mehr über ihre Arbeit.
via annibale caccavello 67, www.cameofactorydepaola.it, telefon: 081 5782910, geöffnet: mo-sa 9.00-20.00, so 9.00-14.00, funicolare di montesanto: via morghen

(35) Wenn es in Neapel mal regnet, stellt sich wirklich jede(r) sofort unter einen schützenden Regenschirm. Haben Sie keinen dabei? Dann auf zu **Mario Talarico**. Seit vier Generationen stellt die Familie Talarico Regenschirme her – auch für die Königsfamilie und Celebrities aus dem In- und Ausland.
via toledo 323, www.mariotalarico.it, telefon: 081 401979, geöffnet: mo-sa 9.30-13.30 & 16.30-20.00, u-bahn: 1 toledo

PROFUMERIA SARES ㉑

Neapel live

① Die erste Funicolare (Standseilbahn) in Neapel wurde 1880 in Betrieb genommen und fuhr zum Vesuv hinauf. Heute ist die Bahn stillgelegt, aber vier andere sind nach wie vor im Einsatz. Drei verbinden die Altstadt mit Vomero, eine davon ist die **Funicolare di Montesanto**. Der schöne Bahnhof an der gleichnamigen Piazza mit historischen Elementen aus Gusseisen und Glas wurde frisch renoviert. Eine Fahrt nach oben lohnt auf jeden Fall. Mit etwas Glück begleitet Sie ein Straßenmusiker und alle Passagiere singen lautstark mit.
www.metro.na.it, geöffnet: mo-so 7.00-22.00, fahrkarte: 1,30 €, u-bahn: montesanto

⑥ Die online buchbare, vierstündige **Food Tour** ist eine tolle Art, das Viertel zu erkunden. Im Nu lernt man so viele der neapolitanischen Spezialitäten kennen. Neben der Tour in Vomero gibt es auch eine in Chiaia (Spaziergang 2 in diesem Guide). Übrigens: Die Führer sprechen alle Englisch.
www.eatinitalyfoodtours.com, telefon: 328 8326373, preis: 75 € p. p., funicolare di chiaia: cimarosa

⑨ **La Villa Floridiana** ist ein stilvoller Park in ebenso stilvoller Umgebung. Natürlich kann man hier spazieren gehen, die Seele baumeln lassen oder die Schildkröten am Springbrunnen beobachten. Das Highlight ist aber der grandiose Blick auf Mergelina und Posillipo am Ende des Parks.
via domenico cimarosa 77 oder via aniello falcone 171, www.polomusealenapoli.beniculturali.it, telefon: 081 5788418, geöffnet: täglich im winter 8.30-16.00, im sommer 8.30-19.00, funicolare di chiaia: piazza amedeo oder cimarosa

⑲ Der **Mercatino Antignano** ist der traditionelle Markt von Vomero, auf dem sich auch viele Neapolitaner aus anderen Stadtteilen nach günstigen Angeboten umschauen. Neben Haushaltswaren findet man hier preisgünstige Kleidung, Schuhe und Taschen. Die Händler lassen nichts unversucht, um Kunden anzulocken. Urgemütlich und stimmungsvoll.
via casale de bustis marcello/via francesco azzi, geöffnet: mo-sa 8.00-14.00, u-bahn: 1 medaglie d'oro

METRO ART TOUR 36

33 SPANISCHES VIERTEL

(32) **La Pedamentina** verbindet den Hügel San Martino mit dem historischen Zentrum und dem Spanischen Viertel. Die Treppe zählt 414 Stufen und diente beim Bau des Klosters von San Martino als Transportweg. Lassen Sie sich von den Glasscherben nicht abschrecken. Abends ist die Treppe oft von Jugendlichen bevölkert, die hier trinken und feiern. Gehen Sie langsam hinunter, um die Ruhe und die stets wechselnden Ausblicke auf die schönen Häuser und die Stadt in vollen Zügen zu genießen. Wenn wieder Verkehrslärm aufbrandet, haben Sie den Corso Vittorio Emanuele erreicht.
la pedamentina, funicolare di montesanto: via morghen

(33) Das **Spanische Viertel** dürfen Sie nicht verpassen, obwohl oder gerade weil es noch ein typisches Arbeiterviertel ist. In den Gassen wimmelt es nur so von italienischen Fahnen, Wimpeln des SSC Neapel und argentinischen Flaggen (zu Ehren Maradonas). Zwischen den Häusern sind Wäscheleinen gespannt und überall gibt es kleine Werkstätten und Läden. Kurz: das echte Neapel.
quartieri spagnoli, u-bahn: 1 toledo

(36) Der Ausbau des neapolitanischen U-Bahn-Netzes (Metropolitana) verzögert sich immer wieder, vor allem wegen der archäologischen Funde, auf die bei den Grabungen gestoßen wird. Um den Fortgang der Arbeiten zu beschleunigen, werden die Fundstücke direkt vor Ort ausgestellt, also in den jeweiligen U-Bahn-Stationen. Dort finden übrigens auch Kunstausstellungen mit Fotos oder Mosaiken statt. Jeweils dienstags um 10.30 Uhr kann man an der geführten **Metro Art Tour** teilnehmen. Startpunkt ist die U-Bahn-Station Toledo (kürzlich zur schönsten U-Bahn-Station Europas gekürt).
via toledo, www.comune.napoli.it/flex/cm/pages/ServeBLOB.php/L/IT/IDPagina/14461, fahrkarte: 1,30 €, u-bahn: 1 toledo

(37) Auf dem **Mercato della Pignasecca**, dem ältesten Markt der Stadt, gibt es fast alles für wenig Geld. Neben CDs, Kleidung und Bettwäsche sind es vor allem die Lebensmittel – Obst, Gemüse, Kräuter und natürlich der frische Fisch –, die die Einheimischen hierherlocken. Ob *vongole* (Venusmuscheln) oder Schwertfisch – es macht einfach Spaß, die Waren zu begutachten und das authentische Neapel zu erleben.
via enrico pessina, geöffnet: mo-so 8.00-14.00, u-bahn: 1 toledo, 2 montesanto, cumana

Vomero & Spanisches Viertel

SPAZIERGANG 3 (ca. 11 km)

Mit der Funicolare (1) nach Vomero fahren. An der Station Via Morghen aussteigen, geradeaus in die Via Alessandro Scarlatti und dann rechts in die Via Raffaele Morghen. In einer Querstraße etwas Süßes essen (2). Der Via Raffaele Morghen folgen und nette Läden bewundern (3) oder etwas trinken (4). Dann rechts in der Via Domenico Cimarosa (5) an einer Food Tour (6) teilnehmen oder in der Via Michele Kerbaker (7) Köstlichkeiten einkaufen. Danach in die Via Domenico Cimarosa, um einen Tisch zu reservieren (8), und dann Richtung Park Villa Floridiana (9) weitergehen, um das Keramikmuseum (10) zu besuchen. Zurückgehen und weiter die Via Domenico Cimarosa entlang, um Schuhe anzuprobieren (11). Oder rechts in die Via Luca Giordano abbiegen, um in der Trattoria Caprese (12) zu lunchen oder im Cafè do Brasil (13) einen Kaffee zu trinken. Etwas weiter finden sich mehr Essgelegenheiten (14) (15). Der Straße bis zur Piazza degli Artisti folgen. Den Platz überqueren und in die Via Tino di Camaino spazieren, wo ein gesunder Snack (16), Nudeln (17) und/oder ein Nachtisch (18) warten. Über den Mercatino Antignano (19) schlendern. Dann in der Via Sergio Abate bei einem Keramikgeschäft (20) vorbeischauen. Zurück in die Via Luca Giordano und dort die vierte Straße links nehmen, um zu shoppen (21) (22). Dann rechts abbiegen und links in die Via Alessandro Scarlatti, um die Shoppingtour fortzusetzen (23). Danach die Piazza Vanvitelli überqueren, um zur Via Michele Kerbaker (24) (25) zu gelangen, und von dort wieder zur Via Alessandro Scarlatti (26). Zurück zur Funicolare, links daran vorbeigehen und dann rechts in die Via Colantonio Maestro. Am Ende links, um Schmuck zu kaufen (27) oder etwas zu essen (28) und dabei die grandiose Aussicht zu genießen (29). Das Castel Sant'Elmo (30) und das Kloster von San Martino (31) besuchen. Vom Platz vor dem Kloster die lange Treppe, die Pedamentina (32), hinabsteigen, bis Sie den Corso Vittorio Emanuele erreichen. Diesen überqueren und zum Vico Privato Trinità delle Monache hinuntergehen. Das Spanische Viertel erkunden (33) und danach im Vico Lungo Teatro Nuovo etwas essen (34). Dann links in den Vico Lungo del Gelso und rechts in den Vico Due Porte a Toledo, um einen Regenschirm zu erstehen (35). Dann weiter in die Via Toledo, um sich einer Metro Art Tour (36) anzuschließen. Weiter Richtung Piazza della Carità. Hier links in die Via Pignasecca, in der sich einer der ältesten Märkte der Stadt befindet (37).

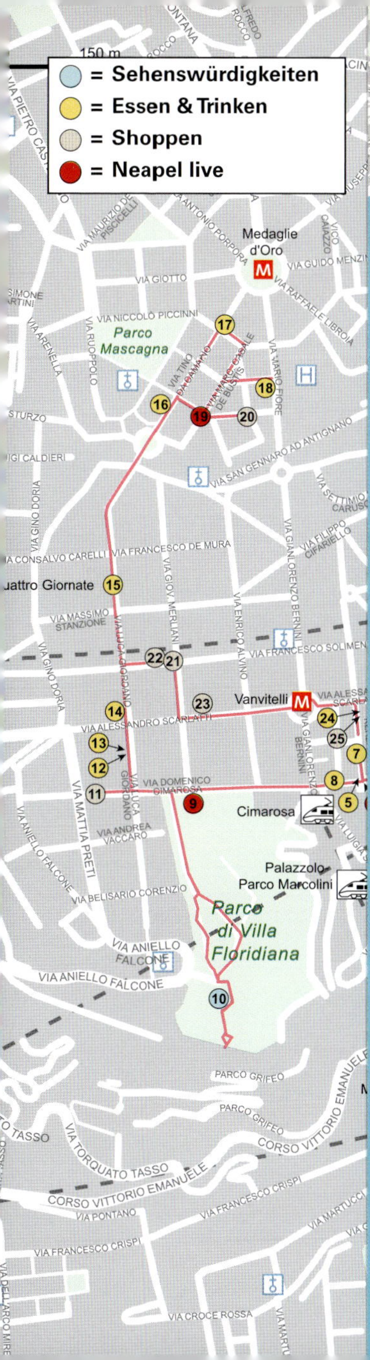

3

1 Funicolare di Montesanto
2 Dolce Idea
3 Lunaria
4 Fonoteca
5 Friggitoria Vomero
6 Food Tour
7 Sogni di Latte
8 Pizzeria Acunzo
9 Park La Villa Floridiana
10 Museo Duca di Martina
11 Vanesia
12 Trattoria Caprese
13 Cafè do Brasil
14 Leopoldo
15 Panificio e Pasticceria Grieco
16 Mirecla
17 Nonna Titti
18 Graffeteria Magn Magn
19 Mercatino Antignano
20 Ceramiche di Vietri
21 Profumeria Sares
22 Antonio Spatarella
23 Yo Soy Feliz
24 Osteria Donna Teresa
25 Arti e Mestieri e dintorno
26 Gaya Wo Man
27 De Paola Cameos
28 La Cantina Donna Elena
29 Arx Cafè
30 Castel Sant'Elmo
31 Certosa di San Martino
32 La Pedamentina
33 Spanisches Viertel
34 Trattoria Da Nennella
35 Mario Talarico
36 Metro Art Tour
37 Mercato della Pignasecca

Phlegräische Felder

Vulkanische Quellen und ein Fischerdorf

Die Phlegräischen Felder (Campi Flegrei, die brennenden Felder) verdanken ihren Namen den vulkanischen Quellen, die schon seit Jahrtausenden brodeln. An den Quellen entstanden in der Antike Thermen, in denen sich vor allem Erholung suchende Römer entspannten. Sie badeten sogar im Krater des Solfatara-Vulkans. Heute ist das wegen der großen Hitze nicht mehr möglich.

In der Römerzeit war Puteoli (vom lateinischen Wort *puteoli*, "kleine Brunnen") eine bedeutende Hafenstadt mit einem großen Amphitheater und einem Marktplatz am Meer (Macellum). Auf den Fundamenten der römischen Stadt entstand später das Zentrum des heutigen Pozzuoli. Reste der antiken Stadt sind noch überall zwischen den Häusern zu entdecken. Aufgrund von Einsturzgefahr infolge diverser Erdbeben und vertikaler Erdbewegungen wurde ein Teil der Altstadt völlig evakuiert. Nach einer umfangreichen Renovierung kann der Altstadtbereich Rione Terra wieder besichtigt werden.

4

Das heutige Pozzuoli ist ein gemütliches Fischerdorf mit einem attraktiven Zentrum. Trotz der Nähe zu Neapel sprechen die Einwohner das Neapolitanische hier völlig anders aus als in der Stadt. Besucher schätzen es, hier Fisch zu essen, am Lungomare zu flanieren, römische Sehenswürdigkeiten zu bewundern, die Natur zu genießen oder die Strände von Pozzuoli und Lucrino zu besuchen. Die jüngere Generation weiß um die guten Ausgehmöglichkeiten vor Ort. Es gibt viele Bars und Cafés, aber auch tolle Freiluftdiskotheken am Strand oder am Lago d'Averno. Pozzuoli verfügt über prachtvolle Thermen und eignet sich als Ausgangspunkt für Ausflüge nach Procida, Ischia, Baia und Cuma.

Die Phlegräischen Felder haben viel Interessantes zu bieten. Neben unverwechselbaren Dörfern begeistern hier tolles Essen, Meer, Strand, erstklassige Ausgehadressen, Natur und jede Menge Kultur, die einst mit den Griechen ihren Anfang nahm.

6 Insider-Tipps

Rione Terra

Eine Zeitreise ins alte Puteoli unternehmen.

Anfiteatro Flavio

Sich wie ein römischer Kaiser oder ein Gladiator fühlen.

Lungomare di Pozzuoli

Am Meer entlangflanieren.

Solfatara-Vulkan

Die einzigartige Vulkanlandschaft bewundern.

Ar.Kè

Keramikkunst bestaunen.

Lago d'Averno

Die Faszination eines Kratersees erleben.

- **Sehenswürdigkeiten**
- **Shoppen**
- **Essen & Trinken**
- **Neapel live**

Sehenswürdigkeiten

① Was auf den ersten Blick wie eine unschuldige Mittelgebirgslandschaft wirken könnte, wird aufgrund des typisch fauligen Geruchs und der riesigen weißen Fläche mit dem Krater schnell als Vulkanlandschaft um den **Solfatara-Vulkan** entlarvt. Stampft man kräftig mit den Füßen auf, meint man, unter dem Boden einen Hohlraum wahrzunehmen. Im Krater geht es an blubbernden Schlammtümpeln vorbei, an manchen Stellen ist die Erde so heiß, dass man die Wärme durch die Schuhsohlen hindurch spürt. Typisch für die Fumarolen (Dampf- und Gasaustrittsstellen) ist die imposante Farbenvielfalt, darunter das Gelb des Schwefels.
via solfatara 161, pozzuoli, www.solfatara.it, telefon: 081 5262341, geöffnet: mo-so 8.30 bis 1/2 std. vor sonnenuntergang, eintritt: 7 €, u-bahn: 2 pozzuoli-solfatara, dann zu fuß weiter oder mit dem bus: p9 (oder an der piazza garibaldi den sepsa bus 152 nehmen)

④ Das dreistöckige **Anfiteatro Flavio** war das drittgrößte römische Theater Italiens und bot etwa 40.000 Zuschauern Platz. Gerade im Untergeschoss ist die ausgeklügelte Konstruktion besonders gut zu erkennen. Die wilden Tiere, mit denen die römischen Gladiatoren zur Unterhaltung des Volkes kämpfen mussten, waren hier untergebracht.
corso nicola terracciano 75, pozzuoli, www.coopculture.it, telefon: 081 5266007, geöffnet: mi-mo 9.00-14.00, eintritt: 4 € (kombiticket mit castello di baia (museo archeologico dei campi flegrei, parco archeologico di baia, parco archeologico di cuma - zwei tage gültig), u-bahn: 2 pozzuoli, sepsa bus: 152

⑦ Der **Palazzo Toledo** entstand im frühen 16. Jahrhundert als Wohnsitz des spanischen Vizekönigs von Neapel Don Pedro de Toledo. Seit der Restaurierung, bei der die Ruinen des Vorgängerbaus freigelegt wurden, die jetzt – durch Glas geschützt – zu besichtigen sind, ist der Palast öffentlich zugänglich. Heute beherbergt er eine Bücherei und ein Kulturzentrum. Wer mehr erfahren will, sollte Herrn Volpe fragen. Er weiß alles über die Vergangenheit Pozzuolis sowie über Leben und Wirken von Don Pedro Toledo.
via pietro ragnisco 29, pozzuoli, www.palazzotoledo.comune.pozzuoli.na.it, telefon: 081 8551401, geöffnet: mo-sa 8.30-19.30, u-bahn: 2 pozzuoli, cumana: pozzuoli

① SOLFATARA-VULKAN

(9) Mitten in Pozzuoli bietet sich einem ein erstaunlicher Anblick: die Ruinen des **Macellum di Pozzuoli**. In der imposanten römischen Markthalle direkt am Meer wurden einst in erster Linie Fleisch und Fisch verkauft. Die Reste der Fußböden und Marmorverkleidungen lassen Rückschlüsse auf die einstige Pracht der Halle zu. Heute kann man hier die Folgen vertikaler Erdbewegungen sehen.
via roma, pozzuoli, www.comune.pozzuoli.na.it, telefon: 081 5266007, cumana: pozzuoli

(24) Nachdem das Altstadt-Viertel Rione Terra 1970 nach einem Erdbeben und infolge vertikaler Bodenbewegungen evakuiert werden musste, wurde es renoviert und kann heute besichtigt werden. Unter der jetzigen Bebauung sind Reste aus der Römerzeit freigelegt worden. Absolut sehenswert sind der Dom und die Kirche San Procolo, die beide großartig restauriert wurden. **Rione Terra** ist auch ein Treffpunkt derer, die hier aufgewachsen sind und das Viertel damals verlassen mussten.
strada duomo 2, pozzuoli, www.rioneterra.it, telefon: 081 526607, geöffnet: sa 9.30-13.00 & 16.00-19.00, so 9.30-12.00 & 16.00-21.00, eintritt: frei, cumana: pozzuoli, u-bahn: 2 pozzuoli

(32) Der Krater des Vulkans **Monte Nuovo** entstand 1538 bei der letzten Eruption. Heute ist der "Neue Berg" ein Paradies für Wanderer. Ein Netz aus gut beschilderten Wanderwegen umkreist den Krater. Die grünen Hänge sind mit typisch mediterraner Vegetation bewachsen, der kahle Bereich ist von Fumarolen geprägt, aus denen Rauchschwaden und Schwefeldämpfe aufsteigen.
via virgilio, pozzuoli, geöffnet: mo-so 9.00-17.00, an feiertagen 9.00-13.00, cumana: arco felice

(34) Der **Lago d'Averno**, ein See in einem erloschenen Vulkan, ist bis 35 Meter tief und entstand vor etwa 4000 Jahren. In der Mythologie als Zugang zur Hölle bezeichnet, kann man hier dennoch gefahrlos wandern und Rad fahren. Man kann den See komplett umrunden, quer durch Weinberge und Obstwiesen und vorbei an einem römischen Apollo-Tempel und der künstlichen Grotta di Cocceio. In der Nähe des Sees gibt es einige Lokale und am dritten Sonntag im Monat kann man auf einem biologischen Markt im Gardino dell'orco einkaufen. Am See finden regelmäßig Kulturveranstaltungen und Klang- und Lichtspiele statt.
lago d'averno, lucrino, www.lagoaverno.it/, cumana: lucrino

Essen & Trinken

② Für den Betreiber der 1956 eröffneten **Bar Primavera** zählt nur eines: Der Gast ist König. Ob morgens für einen Kaffee mit Hörnchen, mittags für ein Eis oder am frühen Abend für einen Aperitif – die Bar ist zu jeder Tageszeit eine gute Anlaufstelle. Besonders angenehm ist die Terrasse direkt am Park Avellino.
via carmine 1, pozzuoli, www.barprimavera.it, telefon: 081 5262281, geöffnet: mo-sa 7.00-20.30, so 7.00-13.30, preis: espresso 0,90 €, u-bahn: 2 pozzuoli

③ Die Inspiration für **Chocolat** lieferte der gleichnamige romantische Kinofilm mit Juliette Binoche und Johnny Depp. Überall stehen Gläser mit süßen Köstlichkeiten und an der Theke können Sie die Auswahl hausgemachter Schokoladen bestaunen. Wer sich nicht gleich entscheiden kann, darf natürlich erst kosten. Vor Feiertagen präsentiert Chocolat eine Vielzahl süßer Geschenkideen, im Sommer bekommt man hausgemachtes Eis.
via carmine 14, pozzuoli, www.facebook.com/dipozzuoli.chocolat, telefon: 34 9 634 9627, geöffnet: mo-sa 9.00-13.30 & 16.30-20.00, preis: eis 2 €, u-bahn: 2 pozzuoli

⑤ Ohne Reservierung muss man unter Umständen erst mal draußen warten, bis ein Tisch frei wird – so beliebt ist die **Pizzeria la Boccuccia di Rosa**. Die Antipasti sind ausgezeichnet, sodass man eigentlich nichts anderes mehr braucht. Unbedingt probieren: die frittierten Kürbisblüten mit Ricotta und die Pizza Bombetta di Totò, eine Pizza für zwei mit einem mit Ricotta und Speck gefüllten Rand.
via milite ignoto 11, pozzuoli, www.pizzeriaboccucciadirosa.com, telefon: 081 5269494, geöffnet: mo-so 12.00-14.30 & 19.00-00.00. nov.-märz mo geschlossen, preis: 15 €, u-bahn: 2 pozzuoli

⑥ Der Name des **Ristorante 18 Archi** ("Bögen") erklärt sich, sobald man das Lokal betritt: Denn ein Gewölbe mit 18 Bögen schafft ein wunderbares Flair. Schön sitzt man auch auf der Terrasse mit Blick über die Phlegräischen Felder und die Bucht. Außerdem: Die Pizzen sind gut und preisgünstig.
via carlo pisacane 17-19, pozzuoli, telefon: 081 5260049, geöffnet: mo & mi-sa 19.30-00.00, so 12.00-00.00, preis: 12,50 €, u-bahn: 2 pozzuoli

GELATERIA ARTIGIANALE SOTTOZERO (19)

(8) Wer die Küche und die Produkte der Region liebt, darf das **Ristorante il Rudere** nicht verpassen. Der Besuch ist wie eine kleine Zeitreise: schöne, von römischen Fresken und Mosaiken inspirierte Wandgemälde, traditionelle, ursprüngliche Gerichte. An warmen Sommerabenden sitzt man im stimmungsvollen Garten einfach herrlich.
via giovan battista pergolesi 80, pozzuoli, www.ristoranteilrudere.it, telefon: 081 5262943, geöffnet: mo & mi-sa 12.00-00.00, so 12.00-16.00, preis: 20 €, u-bahn: 2 pozzuoli, cumana: pozzuoli

(14) Das **Ristorante Bobò** liegt am Hafen von Pozzuoli und ist für seine Fischgerichte berühmt, die mit frischen Waren vom Fischmarkt zubereitet werden. Sowohl draußen auf der Terrasse als auch drinnen im elegant eingerichteten Lokal kann man wunderbar speisen. Die Spezialitäten: Nudeln mit Seeigel und köstliche Antipasti.
via cristoforo colombo 20, pozzuoli, www.ristorantebobo.com, telefon: 081 5262034, geöffnet: mo, mi-sa 12.30-16.00 & 19.30-1.00, so 12.30-16.00, preis: 20-40 €, cumana: pozzuoli

(15) Die **Bar el Brasil Exytus Caffè** befindet sich im Herzen Pozzuolis. Das Geheimnis des köstlichen Espressos ist die Crema. Eine weitere Spezialität ist der Brasiliano: eine Mischung aus Eis, Kaffee und Kakao. Die Zubereitung geschieht nach einem alten Rezept, das sorgfältig gehütet wird. Machen Sie es wie die Einheimischen und trinken Sie Ihren Kaffee im Stehen, cool an die Hauswand gelehnt.
corso della repubblica 126, pozzuoli, www.exytus.com, telefon: 081 5267090, geöffnet: mo-so 8.30-1.00, preis: espresso 0,90 €, cumana: pozzuoli

(18) Seit über 100 Jahren ist die älteste Bäckerei Pozzuolis, **Panificio di Somma Rosa Rosa**, das eigentliche Zentrum des Dorfes. Hier gibt es frische Minipizzen, Brot, allerlei Gebäck und vieles mehr. Wer Pozzuoli vor Weihnachten oder Ostern besucht, sollte sich die regionalen Spezialitäten *struffoli* (Weihnachten) und *casatielli* oder *pastiere* (Ostern) nicht entgehen lassen.
via cosenza 18, pozzuoli, www.facebook.com/pages/Panificio-Di-Somma-Rosa-Rosa/252383758179158?fref=ts, telefon: 081 19175956, geöffnet: mo-sa 8.00-20.30 so 9.00-14.00, cumana: pozzuoli

BAR EL BRASIL EXYTUS CAFFÈ (15)

(19) Die freundlichen Inhaber der **Gelateria Artigianale Sottozero** verwöhnen ihre Kunden mit diversen hausgemachten Eissorten – eine köstlicher als die andere. Einfach auswählen – was leichter klingt als es ist – und dann am Brunnen vor dem Laden in vollen Zügen genießen.
corso d. repubblica 64, pozzuoli, www.facebook.com/sottozero.gelaterie?fref=ts, telefon: 081 19507132, geöffnet: im sommer mo-so 11.00-1.00, im winter mo-so 11.00-22.00, preis: eis 2 €, cumana: pozzuoli

㉖ PIZZERIA LA DEA BENDATA

㉓ Der Eingang der **Bar Grottino** liegt neben einem restaurierten Stadttor im historischen Zentrum von Pozzuoli. In dem kleinen Café hängen monatlich wechselnd Werke lokaler Künstler. Das Lokal verfügt auch über eine kleine Tee-Ecke, in der Bücher über die Phlegräischen Felder und Gesellschaftsspiele ausliegen.
corso della repubblica 1, pozzuoli, geöffnet: mo-sa 7.00-20.30, preis: espresso 0,90 €, cumana: pozzuoli

(26) Die **Pizzeria la Dea Bendata** hat gleich zwei Leitsprüche: *pizza, fortuna e qualità* (Pizza, Glück und Qualität) und *tradizione e innovazione* (Tradition und Innovation). Und tatsächlich schlagen sich beide in der frisch wirkenden Einrichtung, den regionalen Gerichten und den ausgestellten Kunstwerken und Schmuckstücken nieder. Man könnte glatt noch einen dritten Leitspruch hinzufügen: Gespür für Tradition und Respekt vor der Umgebung.
via c. umberto 93, pozzuoli, www.facebook.com/ladeabendatapizzeria?fref=ts, telefon: 081 19189636, geöffnet: di-so 19.00-1.00, preis: 15 €, cumana: cappuccini

(30) Die **Bar Gelo** hat für jeden Geschmack etwas zu bieten. Ob Kekse oder süße Teilchen – alles kommt frisch aus der hauseigenen Konditorei. Die Spezialität aber ist Eis. Dutzende Sorten von fruchtig bis Schokolade, einige sind sogar für Diabetiker geeignet. Im vorderen Bereich ist die Bar modern eingerichtet, im hinteren Konditorei-Teil eher traditionell.
via miliscola 342-344, pozzuoli, www.facebook.com/bar.gelopozzuoli?fref=photo, telefon: 081 8661343, geöffnet: di-so 6.00-1.00, preis: eis 2 €, cumana: arco felice

(31) Die Einrichtung der **Trattoria da Biagio** ist schlicht, die Küche einfach und traditionell. Dennoch ist das Lokal so beliebt, dass Neapolitaner aus der ganzen Stadt hierherpilgern. Am Wochenende kann es durchaus sein, dass man eine halbe Stunde auf einen Tisch warten muss.
via miliscola 372, pozzuoli, www.facebook.com/pages/Trattoria-da-Biagio/194940520483, telefon: 081 8661244, geöffnet: mo-mi & fr-so 12.00-16.00, preis: 10-30 €, cumana: arco felice

(33) Sergio, der Inhaber von **Marèna Beach Lucrino**, ist sehr stolz auf seinen preisgekrönten Strandclub mit dem stilvollen Holzboden. Der Club verfügt über ein gepflegtes Solarium mit direkter Anbindung an das Meer über eine Holztreppe, einen Pool mit Capri-Blick und eine Bar, an der man Cocktails schlürfen kann wie den von der Barkeeperin erfundenen Aperitif Marena. Da sich zu dem Ganzen auch noch ein gutes Restaurant gesellt, kann man am Marèna Beach locker einen ganzen Tag mit Entspannung, Luxus und Genuss verbringen.
via miliscola 165e, pozzuoli, www.facebook.com/marenabeachlucrino, telefon: 081 8042004, geöffnet: im sommer täglich 8.30-19.00, cumana: lucrino

Shoppen

(10) Ein Marktbesuch ist immer ein besonderes Erlebnis. Auf diesem täglich stattfindenden **Markt** gibt es unter anderem Fisch in Hülle und Fülle. Die Fischer sind freundlich, redselig und wollen natürlich vor allem etwas verkaufen. Neben Hausfrauen und Vätern, die Zutaten für das sonntägliche Mittagessen holen, trifft man hier auch Inhaber oder Angestellte von Restaurants, die sich mit frischer Ware eindecken.
via nicola fasano 26, pozzuoli, geöffnet: mo-so 7.00-14.00, cumana: pozzuoli

(11) Die **Galleria Il Tempio dell'Arte** ist ein Kunstladen, der sich gefährlich nah an der Grenze zum Kitsch bewegt. Hier findet man neben Neapel-Gemälden auch die berühmten *bomboniere*, die kleinen traditionellen Geschenke – meist ein handgearbeitetes Kunstwerk –, die zu besonderen Anlässen wie Taufe oder Hochzeit überreicht werden. In so manchem neapolitanischem Haushalt findet man eine ganze Sammlung davon. Für Interessierte hält die Galleria eine umfangreiche Auswahl bereit.
via roma 28, pozzuoli, www.facebook.com/pages/Galleria-Il-Tempio-DellArte-Pozzuoli/772014352827077?fref=ts, telefon: 33 96840660, geöffnet: mo-sa 9.30-13.00 & 16.30-20.00, cumana: pozzuoli

(13) Im **Bazar del Porto Souvenir** gibt es neben klassischen Souvenirs Sonnenhüte in allen möglichen Variationen. Wichtig, wenn Sie zum Beispiel eine Kopfbedeckung für die Bootsfahrt Richtung Procida oder Ischia benötigen.
via cristoforo colombo 9, pozzuoli, telefon: 081 3032396, geöffnet: mo-di & fr 9.00-13.30 & 16.30-20.30, do-sa 9.00-13.30, so 16.30-20.30, cumana: pozzuoli

(16) In den Phlegräischen Feldern ist das traditionelle Handwerk noch lebendig. Damit das so bleibt, wurde, auch zur Unterstützung des Nachwuchses, **Kymè Campi Flegrei** eröffnet. Hier werden Keramikgegenstände, regionale Produkte, Accessoires, Lederwaren und Designobjekte angeboten und regelmäßig Verkostungen veranstaltet.
via cesare augusto 29, pozzuoli, www.kymecampiflegrei.it, telefon: 34 03927345, geöffnet: mo-sa 9.30-13.30 & 16.30-20.00, cumana: pozzuoli

AR.KÈ ㉒

⑰ Die sympathische, heimatverbundene Künstlerin Pina betreibt zusammen mit ihrem Vater das Atelier **Maliluk**. Sie fertigt und verkauft Schmuck und Möbel, er Kunstobjekte, überwiegend aus Nägeln. So hat er zum Beispiel aus Nägeln die Bucht bei Neapel inklusive Vesuv im Hintergrund als Relief nachgebildet.
via portonova 10, pozzuoli, www.facebook.com/maliluk.ateliercreativo, telefon: 34 76155184, geöffnet: mo-sa 9.00-13.00 oder nach vereinbarung, cumana: pozzuoli

16 KYMÉ CAMPI FLEGREI

(20) **Savio** ist ein Modeladen für Sie und Ihn. In Pozzuoli heißt es: Wer sich hier einkleidet, sieht einfach besser aus. Die Kollektion umfasst zahlreiche gute Labels, das angenehme Personal spricht Englisch und ist sehr fachkundig. Zu den Kunden von Savio gehören auch einige Profifußballer des SSC Neapel.
corso della repubblica 11, pozzuoli, www.saviomoda.it, telefon: 081 3031075, geöffnet: mo 16.30-20.30, di-sa 9.30-13.00 & 16.30-20.30, cumana: pozzuoli

(21) **Retro Vintage Store**, der einzige Retro-Laden in den Phlegräischen Feldern, präsentiert ein breites Sortiment an origineller Kleidung und Accessoires aus den 1960er- bis 1980er-Jahren. Der kleine Laden liegt im historischen Zentrum von Pozzuoli.
corso d. repubblica 10, pozzuoli, www.facebook.com/RetroVintageStorePozzuoli/timeline, telefon: 081 19187402, geöffnet: mo-sa 10.00-13.00 & 16.00-20.30, cumana: pozzuoli

(22) Bei **Ar.Kè** dreht sich alles um Keramik – von Fliesen bis hin zu Tellern und Schalen. Hier beherrscht man noch die Technik, die die Römer bereits zur Herstellung von Fliesen nutzten. So werden die Fliesen in Holzöfen gebrannt. In den Phlegräischen Feldern werden häufig Fußböden aus der Römerzeit ausgegraben, die nicht mehr ganz intakt sind. Bei Ar.Kè werden die fehlenden Fliesen hergestellt, damit die Böden wieder komplett sind.
corso umberto 1a, pozzuoli, www.facebook.com/ar.ke.39, telefon: 081 19669251, geöffnet: mo-sa 9.00-13.00 & 16.00-20.00, cumana: pozzuoli

(29) Der Name sagt eigentlich alles: Bei **Sapori d'Italia** kann man die Köstlichkeiten Italiens kaufen – die besten Nudeln, Mozzarella, Ricotta, verschiedene Schinken, Salami, Brötchen, Süßigkeiten und, und, und. Davide, der den Laden mit seinen Eltern betreibt, die ihn 1953 gründeten, ist immer auf der Suche nach neuen Produkten und Ideen. Neben einem sorgfältig ausgewählten Sortiment bekommen Kunden hier die Aufmerksamkeit, die sie verdienen.
via miliscola 302, pozzuoli, www.facebook.com/pages/Sapori-DItalia/354143571390039?sk=info, telefon: 081 19369392, geöffnet: mo-sa 7.30-13.30 & 16.30-20.30, so 7.30-13.30, cumana: arco felice

Neapel live

(12) Frühmorgens, wenn die Fischer zurückkehren von ihrer nächtlichen Fahrt und anfangen, in völlig unverständlichem Dialekt lautstark ihre fangfrische Ware anzubieten, füllt sich der **Hafen von Pozzuoli** schnell. Tintenfische versuchen vergeblich Reißaus zu nehmen und verspritzen ihre Tinte, wenn die Fischer sie wieder einfangen. Eigentlich ist diese Art der "Direktvermarktung" nicht mehr erlaubt, aber sie wird geduldet.
hafen von pozzuoli, geöffnet: vormittags, cumana: pozzuoli

(25) Der im höher gelegenen Teil von Pozzuoli befindliche Park **Villa Avellino** mit Spielplatz, schönem See und tollem Panorama ist unbedingt einen Besuch wert. Wer genau hinschaut, entdeckt römisches Mauerwerk. Ein toller Ort zum Entspannen, Spazierengehen oder Picknicken.
via solfatara, pozzuoli, u-bahn: 2 pozzuoli

(27) Ein Tauchgang vor der Küste von Pozzuoli und Baia ist ein einmaliges Erlebnis, denn bei der Gelegenheit, die **Napoli Diving Center** bietet, stößt man auf Reste der alten römischen Stadt. Man schwimmt hier buchstäblich über Straßen, Mosaike und Grundrisse von Häusern hinweg.
via napoli 1, pozzuoli & via miliscola 157, lucrino, www.napolidivingcenter.it/, telefon: 081 8531563, geöffnet: pozzuoli di-sa 10.00-13.00 & 16.30-20.30, lucrino mo-so 8.30-17.30, cumana: gerolomini oder lucrino

(28) Der **Lungomare di Pozzuoli** ist einfach herrlich: Auf einer Seite liegen Restaurants und Bars, auf der anderen ein Fußgängerweg zum Flanieren, wobei man Capri, Capo Miseno und Posillipo stets im Blick hat. An warmen Sommerabenden ist hier noch um Mitternacht viel los, sausen Kleinkinder umher, spielen Jugendliche Basketball und spazieren Pärchen auf und ab.
cristoforo colombo, pozzuoli, cumana: cappuccini oder gerolomini

(35) Eine Wanderung um den Lago d'Averno führt auch am alten **Weingut Mirabella** vorbei. Gehen Sie unbedingt hinein, wenn das Tor geöffnet ist. Die Brüder Mirabella führen Sie gerne herum, und anschließend können Sie sich mit Wein eindecken: Falanghina (weiß) und Piedi Rosso (rot).
rampa averno 3, pozzuoli, www.aisnapoli.it, telefon: 081 8665976, cumana: lucrino

MEERBLICK VOM LUNGOMARE DI POZZUOLI (28)

(36) Wer die **Thermen** besucht, kann sich in etwa vorstellen, wie es damals in der Römerzeit gewesen sein muss. Die vulkanische Aktivität sorgt für die Wärme in den Natursaunen, die Bäder enthalten Thermalwasser und im Teich im Garten kann man sich mit vulkanischem Schlamm einreiben. Tipp: In Italien ist auch in der Sauna Badekleidung Pflicht.
via stufe di nerone 45, bacoli, www.termestufedinerone.it, telefon: 081 868.8006, geöffnet: mo, mi, sa 8.00-20.00, di, do-fr 8.00-23.00, so 8.00-15.00, im sommer täglich 8.00-20.00, cumana: lucrino

Phlegräische Felder

SPAZIERGANG 4 (ca. 7 km)

Die U-Bahn (Linie 2) nach Pozzuoli nehmen. Von dort geht es zu Fuß oder mit dem Bus Richtung Vulkan (1). Danach über die Via Solfatara bis zur Kreuzung und in der Via Guglielmo Marconi etwas trinken (2) oder essen (3). Oder gleich zum Anfiteatro Flavio (4) weitergehen. Richtung Platz spazieren und dann in die erste Querstraße links, die Via Milite Ignoto, um bei La Boccuccia di Rosa (5) eine Pause einzulegen. Oder links abbiegen, die erste Straße rechts und die zweite links nehmen, in der eine Pizzeria mit schöner Aussicht (6) wartet. Danach erst links und dann wieder rechts in die Via Ragnisco. Beim Hinuntergehen kommen Sie am prächtigen Palazzo Toledo (7) vorbei. Danach rechts in die Via Rocco. Hier können Sie rechts etwas essen (8) und links zur Innenstadt gehen, wobei Sie den römischen Marktplatz (9) stets im Blick haben. Über die Via Antonio Maria Gaspare Sacchini in die Via Nicola Fasano, wo sich der Markt (10) befindet. Zurückgehen und rechts in die Via Roma (11). Über den Markt zum Hafen (12) spazieren. Hier können Sie sich einen Sonnenhut (13) zulegen oder eine Pause gönnen (14). Über die schmalen Gassen Richtung Corso della Repubblica gehen, um einen Kaffee zu trinken (15) oder Handgefertigtes zu erstehen (16) (17). Etwas weiter warten eine *pizzetta* (18) und ein Eis (19). Außerdem können Sie hier ausgiebig shoppen (20) (21) (22). Neben Ar.Kè den Aufzug oder die Treppe nehmen, um sich in der Bar Grottino (23) zu stärken. Nach einem Besuch des einzigartigen Viertels Rione Terra (24) Richtung Park Villa Avellino (25) gehen. Danach die Straße gegenüber Richtung Corso Umberto I (26) nehmen, um am Ende einen Tauchgang zu buchen (27). Danach über den Lungomare Yarta (28) zurückgehen und den Blick über die Bucht schweifen lassen. Zurückgehen und beim Cumana-Bahnhof Cappuccini die Bahn nach Torregaveta nehmen. Bei der Haltestelle Arco Felice aussteigen und rechts gehen. Der Via Raimondo Annecchino bis zum kleinen Platz folgen. Hier links abbiegen, um etwas zu essen (29) (30) (31). Dann die erste Straße rechts nehmen, um den Monte Nuovo (32) zu besteigen, oder geradeaus gehen (33). Weiter bis zum Kreisverkehr und sich dort in die Via Italia wenden, um zum Lago d'Averno (34) und zum Weinberg (35) zu gelangen. Oder links abbiegen, um am Lago Lucrino vorbei Richtung Thermen (36) zu gehen. Die Haltestelle Lucrino liegt in der Nähe, so kommen Sie schnell wieder nach Pozzuoli oder Neapel zurück.

4

1 Solfatara-Vulkan
2 Bar Primavera
3 Chocolat di Pozzuoli
4 Anfiteatro Flavio
5 Pizzeria la Boccuccia di Rosa
6 Ristorante 18 Archi
7 Palazzo Toledo
8 Ristorante il Rudere
9 Macellum di Pozzuoli
10 Markt
11 Galleria Il Tempio dell'Arte
12 Der Hafen von Pozzuoli
13 Bazar del Porto Souvenir
14 Ristorante Bobò
15 Bar el Brasil Exytus Caffè
16 Kymè Campi Flegrei
17 Maliluk
18 Panificio di Somma Rosa Rosa
19 Gelateria Artigianale Sottozero
20 Savio
21 Retro Vintage Store
22 Ar.Kè
23 Bar Grottino
24 Rione Terra
25 Villa Avellino
26 Pizzeria la Dea Bendata
27 Napoli Diving Center
28 Lungomare di Pozzuoli
29 Sapori d'Italia
30 Bar Gelo
31 Trattoria da Biago
32 Monte Nuovo
33 Marèna Beach Lucrino
34 Lago d'Averno
35 Weingut Mirabella
36 Thermen

Vesuv, Ercolano & Pompei

Römische Ruinen und eine beeindruckende Landschaft

Der Vesuv am Golf von Neapel, dessen letzte Eruption 1944 stattfand, hat seine Umgebung nachhaltig geprägt und ist heute ein Wahrzeichen der Region. Das Besondere am Vesuv ist die Tatsache, dass er in einem größeren, alten Vulkan liegt, dem Monte Somma. An den Hängen gedeihen Reben, aus deren Trauben der Lacryma-Crysti-Wein erzeugt wird.

Pompei ist vor allem wegen der Überreste der alten Stadt weltweit bekannt, die 79 n. Chr. durch einen verheerenden Ausbruch des Vesuv unter einer dicken Lavaschicht begraben wurde. Die Eruption war so stark, dass ein Großteil der Opfer unmittelbar durch die Explosion starb. Nach dem römischen Gelehrten Plinius, der die Katastrophe damals dokumentierte, werden solche Ausbrüche plinianische Eruptionen genannt. Die zerstörerische Gaswolke nach der Explosion pulverisierte die Menschen regelrecht, sodass in der Asche und der Lava Hohlräume entstanden. Als Forscher später diese Hohlräume mit Gips füllten, erhielten Sie Abdrücke der damaligen Bewohner.

5

Das heutige Pompei ist zwar vor allem von den Touristenströmen geprägt, hat trotzdem noch einige ursprüngliche Orte zu bieten. Anziehungspunkt für gläubige Katholiken ist die örtliche Basilika.

Ercolano ist kein besonderes Dorf, in der Umgebung befinden sich allerdings 122 herrliche Villen aus dem 18. Jahrhundert. Wie Pompei wurde auch das antike Herculaneum im Jahr 79 n. Chr. unter einer dicken Lavaschicht begraben und blieb so zum Teil ebenfalls erhalten. Die Ausgrabungsstätte ist weitaus kleiner als die in Pompei, dank der römischen Villen aber durchaus sehenswert. In einem Museum kann man die Eruption von damals in 3-D miterleben. Das heutige Ercolano ist vor allem wegen des Secondhandmarkts berühmt, der im Zweiten Weltkrieg als Markt für Diebesgut entstanden ist.

Neben den Ausgrabungsstätten von Pompei und Herculaneum gibt es noch drei weitere sehenswerte, die aber weniger bekannt und daher auch bei Weitem nicht so touristisch sind.

6 Insider-Tipps

Scavi di Ercolano

Die Ausgrabungsstätte Herculaneum besuchen.

Museo Archeologico Virtuale

Herculaneum und Pompei wiederauferstehen lassen.

Nationalpark Vesuv

Den Vulkan besteigen und die Aussicht genießen.

Panificio Amato

Hausgemachtes Gebäck und Brot kosten.

Cantina del Vesuvio

An den Hängen des Vesuv Wein probieren.

Mercato di Resina

Auf dem Secondhandmarkt shoppen gehen.

Sehenswürdigkeiten
Shoppen
Essen & Trinken
Neapel live

Sehenswürdigkeiten

④ Für viele sind die **Scavi di Ercolano**, die Ausgrabungen von Herculaneum, schöner als die in Pompei. Herculaneum war eine Kleinstadt, in der zahlreiche wohlhabende Römer damals eine Villa als "Zweitwohnsitz" besaßen. Bei der Eruption des Vesuv im Jahr 79 n. Chr. wurde alles unter einer dicken Lava- und Schlammschicht begraben und dadurch zum Teil auch konserviert. So blieben Holztüren, Tücher und sogar Gefäße erhalten, in denen noch Oliven lagerten.
corso resina, ercolano, www.pompeiisites.org, telefon: 081 8575347, geöffnet: täglich 8.30-19.30, 1. nov.-31. märz bis 17.00, eintritt: 11 € oder kombiticket 20 € inkl. zutritt zu den ausgrabungen von herculaneum, oplontis, boscoreale, pompei und stabia, 3 tage gültig, circumvesuviana: ercolano scavi

⑭ In **Oplontis** befindet sich eine einzigartige römische Villa, die Villa Poppaea. Das in der ersten Hälfte des 1. Jahrhunderts n. Chr. erbaute Haus ist reich an Wandmalereien, Marmorskulpturen und besitzt sogar eigene Thermen. Während der Ausgrabungen entdeckten Archäologen eine zweite Villa, in der Schmuck, Goldmünzen und Kosmetikartikel gefunden wurden.
via dei sepolcri, torre annunziata, www.pompeiisites.org, telefon: 081 8575347, geöffnet: täglich 8.30-19.30, 1. nov.-31. märz bis 17.00, eintritt: 5,50 €, circumvesuviana: torre annunziata

⑮ Im **Antiquarium di Boscoreale** wird anhand von Funden aus unterschiedlichen Ausgrabungsstätten wie Pompei, Herculaneum und Oplontis das Leben der Menschen am Vesuv während der Römerzeit rekonstruiert. Tipp: Besuchen Sie auch die Villa Regina, mit einem Zimmer ganz im pompeischen Stil.
via settermini 15, boscoreale, www.pompeiisites.org, telefon: 081 8575347, geöffnet: täglich 8.30-19.30, 1. nov.-31. märz bis 17.00, circumvesuviana: neapel-poggiomarino boscoreale

⑯ Die bedeutende Wallfahrtskirche **Heiligtum Unserer Lieben Frau vom Rosenkranz** (Santuario della Beata Vergine del Rosario di Pompei) in Pompei lockt viele Pilger an. Ihr Ziel: das Gemälde *Unserer Lieben Frau vom Rosenkranz*, das die Jungfrau Maria und das Kind Jesus bei der Überreichung eines Rosenkranzes an den Heiligen Dominikus und die Heilige Katharina von Siena zeigt.
piazza b. longo 1, pompei, www.santuario.it, telefon: 081 8577111, geöffnet: täglich 8.00-13.00 & 15.30-18.00, circumvesuviana: neapel-poggiomarino, pompei

㉙ HAUS DES FAUNS

㉓ Anhand von Gemälden, alten Fotos und Postkarten aus dem späten 19. Jahrhundert erfahren Besucher im **Museo Vesuviano** einiges über den Vesuv und seine Vergangenheit. Im Mittelpunkt steht nicht nur die Eruption von 79 n. Chr., sondern auch jüngere Ausbrüche bis 1944. Interessant ist auch die Sammlung von Vulkangestein und Mineralien, die nach den verschiedenen Ausbrüchen gefunden und gesammelt wurden.
via colle san bartolomeo 10, pompei, www.pompei.it/categoria/musei.htm, telefon: 081 8507255, geöffnet: mo-fr 9.00-13.00, eintritt: frei, circumvesuviana: neapel-poggiomarino pompei oder pompei scavi

㉕ Die Ausgrabungen **Scavi di Pompei** sind weltberühmt, nicht nur wegen der Beschreibung des Vulkanausbruchs durch Plinius. Auch die Abdrücke, die von Opfern gemacht wurden, sowie der Umfang und die erstaunlich gute Qualität der Funde machen diese Ausgrabungsstätte zu etwas ganz Besonderem. Auf seinem Rundgang kann man sich gut vorstellen, wie groß die Stadt mit ihren vielen engen Straßen, dem riesigen Theater, den prachtvollen Häusern und den Lokalen einst war und wie lebhaft es dort zugegangen sein muss.
porta marina, piazza esedra & piazza anfiteatro, www.pompeiisites.org, telefon: 081 8575347, geöffnet: täglich 8.30-19.30, 1. nov.-31. märz bis 17.00, eintritt: 11 €, kombiticket 20 € (siehe Scavi di Ercolano), circumvesuviana: neapel-poggiomarino pompei oder pompei scavi

㉖ Die **Vorstadtthermen** (Terme Suburbane) vermitteln ein gutes Bild öffentlicher Badehäuser der Antike. Pikant sind die Wandmalereien mit erotischen Szenen, die in einem Umkleideraum entdeckt wurden und belegen, dass Sexualität in der römischen Kultur kein Tabu war. Vom Umkleidebereich aus gelangte man in einen lauwarmen Raum und danach zum wärmeren *caldarium*.
scavi di pompei, www.pompeiisites.org, telefon: 081 8575347, geöffnet: täglich 8.30-19.30, 1. nov.-31. märz bis 17.00, circumvesuviana: neapel-poggiomarino pompei oder pompei scavi

㉗ **Il Lupanare di Pompei** war das größte Bordell der antiken Stadt und sehr beliebt bei den Gladiatoren. Es bestand aus zehn Zimmern, jedes mit erotischen Wandmalereien und einem Podest mit Matratze ausgestattet. Die Malereien ließen erkennen, welche Dienste im Freudenhaus angeboten wurden.
scavi di pompei, www.pompeiisites.org, telefon: 081 8575347, geöffnet: täglich 8.30-19.30, 1. nov.-31. märz bis 17.00, circumvesuviana: neapel-poggiomarino pompei oder pompei scavi

㉘ **Il Foro di Pompei** war das politische, wirtschaftliche und religiöse Zentrum der Stadt. Hier wurde gehandelt und debattiert. Jeder konnte eine Rede halten und Nachrichten wurden verbreitet. Umgeben war der Platz von bedeutenden Gebäuden wie dem Sitz der Stadtregierung, der Basilika, der Gemüse- und Fischmarkthalle (Macellum) und wichtigen Tempeln.
scavi di pompei, www.pompeiisites.org, telefon: 081 8575347, geöffnet: täglich 8.30-19.30, 1. nov.-31. märz bis 17.00, circumvesuviana: neapel-poggiomarino, pompei oder pompei scavi

(29) Das **Haus des Fauns** (Casa del Fauno) ist eines der größten Wohnhäuser des antiken Pompei. Berühmt wurde es durch den Fund einer bronzenen Faun-Statue, die in einem Teich in einem der Innenhöfe stand. Außerdem entdeckte man in der Villa Mosaike, so das Alexandermosaik, auf dem Alexander der Große in einer Schlacht zu sehen ist. Das Haus verfügte über Zimmer für die Sklaven, Empfangsräume und einen herrlichen Garten mit Stallungen.
scavi di pompeii, www.pompeiisites.org, telefon: 081 8575347, geöffnet: täglich 8.30-19.30, 1. nov.-31. märz bis 17.00, circumvesuviana: neapel-poggiomarino pompei oder pompei scavi

(30) Die **Mysterienvilla** (Villa dei Misteri) liegt zwar etwas abseits, doch der Weg dorthin lohnt sich. Das stilvolle Landhaus besaß eine interessante Architektur und reizvolle Wandmalereien, darunter auch einen Freskenzyklus mit 29 lebensgroßen, bunten Figuren auf rotem Untergrund. Sie stellen angeblich den Einführungsritus in das Mysterium des dionysischen oder orphischen Kultus dar, was aber nicht gesichert ist. Die Fresken sind so schön und gut erhalten, dass man sie stundenlang bewundern könnte.
scavi di pompei, www.pompeiisites.org, telefon: 081 8575347, geöffnet: täglich 8.30-19.30, 1. nov.-31. märz bis 17.00, circumvesuviana: neapel-poggiomarino pompei oder pompei scavi

(31) Das **Amphitheater von Pompei** ist eines der ältesten erhaltenen Amphitheater. Wie auch andernorts fanden hier blutige Gladiatorenkämpfe statt. Die steinernen Tribünen waren in Kategorien aufgeteilt, die den sozialen Klassen entsprachen. Neben dem Amphitheater befand sich ein Gymnasium mit einem großen Schwimmbad, in dem die Gladiatoren trainierten.
scavi di pompei, www.pompeiisites.org, telefon: 081 8575347, geöffnet: täglich 8.30-19.30, 1. nov.-31. märz bis 17.00, circumvesuviana: neapel-poggiomarino pompei oder pompei scavi

SCAVI DI POMPEI (25)

(34) Auch im Rahmen der Ausgrabungen **Scavi di Stabia** wurden herrliche römische Villen entdeckt, die allesamt sehr gut erhalten sind. Neben vielen exzellenten Wandmalereien können Besucher Säulengänge und eine zentrale Therme bestaunen – die grandiose Aussicht auf den Golf von Neapel gibt es obendrein. Außerdem verfügt die Ausgrabungsstätte über ein Museum, das über 8000 Fundstücke beherbergt. Die Scavi di Stabia sind zwar nicht so bekannt wie die in Pompei oder Ercolano, aber genauso sehenswert.
via passeggiata archeologica, castellammare di stabia, www.pompeiisites.org, telefon: 081 8575347, geöffnet: täglich 8.30-19.30, 1. nov.-31. märz bis 17.00, eintritt: frei, circumvesuviana: via nocera

Essen & Trinken

① Obwohl das **Cafè de Paris** in einer sehr touristischen Gegend liegt, ist es keineswegs eine Touristenfalle. Essen und Getränke sind gut und die Preise moderat. Das Personal ist immer gut gelaunt, hilfsbereit und beherrscht mehrere Sprachen. Man kann hier auch Lunchpakete bestellen.
via vittorio veneto 10, ercolano, telefon: 081 19007301, geöffnet: täglich 6.15-5.00, preis: 5 €, circumvesuviana: ercolano scavi

② Wer sich nicht mit einem schlichten Käsebrötchen abgeben möchte, ist bei **Panilandia Paninoteca** genau richtig. Inhaber Alessandro ist freundlich, kompetent und macht die besten Brötchen mit *friarielli* (eine Art Brokkoli), *salsiccia* (italienische Wurst) oder auch mit Pommes. Sie mögen es lieber erfrischend? Bestellen Sie Caprese mit Tomate, Mozzarella und Basilikum.
via IV novembre 56, ercolano, https://www.facebook.com/groups/116363625159881/?fref=ts, telefon: 081 0286116, geöffnet: mo-sa 12.00-22.00, preis: brötchen 4 €, circumvesuviana: ercolano scavi

⑦ Das stilvolle, einladende Restaurant **Viva Lo Re** ist mit Regalen aus Kastanienholz eingerichtet, in denen Weine, Gläser und Bücher stehen. Die Speisekarte wird von Traditionsgerichten mit modernem Touch geprägt. Verarbeitet werden in den stilvoll servierten Gerichten vor allem saisonale und regionale Zutaten.
corso resina 261, ercolano, www.vivalore.it, telefon: 081 7390207, geöffnet: di-sa 12.00-16.00 & 19.00-23.00 so 12.00-16.00, preis: 20 €, circumvesuviana: ercolano scavi

⑩ Die zwischen der Villa Campolieto und der Villa La Favorita gelegene **Taratarà ristorante pizzeria** ist modern, aber mit viel Liebe fürs Detail eingerichtet. Das Essen ist gut, preisgünstig und die Portionen sind üppig. Kein Wunder, dass Einheimische gerne hierherkommen, um zum Beispiel einen Geburtstag zu feiern und als Abschluss eine riesige, kunstvoll dekorierte Torte zu genießen.
via emilio bossa 3, ercolano, www.facebook.com/pages/Taratat%C3%A0-ristorante-pizzeria/235309943892, telefon: 081 7391473, geöffnet: so-fr 18.30-00.30, sa 18.30-2.00, preis: 10-30 €, circumvesuviana: ercolano scavi

OSTERIA DA PEPPINO ⑳

⑫ Wer von Ercolano aus in Richtung Vesuv unterwegs ist, kommt an dem Lokal **Terrazza Due Golfi** vorbei. Das am Hang gelegene Haus gewährt Gästen eine spektakuläre Aussicht auf Neapel und den Vulkan. Das Essen ist einfach, preisgünstig, aber sehr gut. Tipp: Mieten Sie einen Picknicktisch mit Grill oder ein Fahrrad, um die Umgebung zu erkunden.
via osservatorio vesuviano 7, ercolano, www.terrazzaduegolfi.it, telefon: 081 19651605, geöffnet: mo-so 9.00-20.00, preis: 10-15 €, vesuvioexpress, circumvesuviana: ercolano scavi

(18) Wenn es eine Auszeichnung für die originellste Pizza gäbe, wäre die hornartige Variante von **La Magia del Cono** ein geeigneter Anwärter. Was auf den ersten Blick wie eine mit Eis gefüllte Waffel aussieht, entpuppt sich als Pizza, die nach Belieben gefüllt werden kann. 60 verschiedene Varianten stehen zur Wahl. Ein witziger und leckerer Snack für zwischendurch.
via carlo alberto 52, pompei, www.konopizza.it/pompei.html, telefon: 081 19172409, geöffnet: mo-so 10.30-15.30 & 18.00-2.00, preis: 3-5 €, circumvesuviana: neapel-poggiomarino pompei

(19) Lassen Sie die touristischen Bars links liegen und besuchen Sie das **Erman Cafè**. Hier sitzen Sie neben Einheimischen, die sich ein Frühstück – süße Graffa mit köstlichem Cappuccino – schmecken lassen. Erman ist freundlich, plaudert gern und überrascht seine Gäste immer wieder mit einem neuen Motiv im Milchschaum auf dem Kaffee.
via carlo alberto 58, pompei, telefon: 081 8635204, geöffnet: täglich 7.30-19.00, preis: espresso 0,90 €, circumvesuviana: neapel-poggiomarino pompei

(20) Die **Osteria Da Peppino** ist ein familiengeführtes Traditionslokal mit gemütlichem Garten, in dem man sich frische Nudeln, gegrillten Fisch und Fleisch schmecken lassen kann. Unbedingt probieren: die verführerischen Desserts, zum Beispiel *pastiera* (Mürbeteigkuchen) oder *pasticciotto* (kleiner gefüllter Mürbeteigkuchen). Die Leckereien werden nach alten Familienrezepten hergestellt, die im Laufe der Zeit immer weiter verfeinert wurden.
via duca d'aosta 39, pompei, www.osteriadapeppino.it, telefon: 081 8504821, geöffnet: mo,mo-so 12.00-16.00 & 18.00-0.00, preis: 15-37 €, circumvesuviana: neapel-poggiomarino pompei

(21) Die Spezialität der Bäckerei **Panificio Amato** sind traditionelle Kekse aus Castellammare di Stabia, einer Stadt am Golf von Neapel. Die aus Mehl, Zucker, Hefe, Vanille, Butter und Wasser hergestellten länglichen Kekse wurden 1848 zum ersten Mal gebacken und werden täglich frisch zubereitet. Sie bekommen hier auch die mit einer dünnen Zuckerschicht überzogenen *taralli*, ebenfalls eine Spezialität aus Castellammare.
via sacra 9, pompei, telefon: 081 8632852, geöffnet: täglich 8.00-13.30 & 16.30-20.00, preis: tüte kekse 2 €, circumvesuviana: neapel-poggiomarino pompei

PANIFICIO AMATO ㉑

㉒ Das beste Eis von ganz Pompei stellt **Golden Ice Gelateria Artigianale** nach altem Traditionsrezept her. Zahlreiche köstliche und originelle Sorten – typisch italienisch eben!

via sacra 22, pompei, https://www.facebook.com/pages/Golden-ICE-Gelateria-Artigianale/196076803848057, telefon: 081 8505019, geöffnet: täglich 10.30-1.30, preis: eis 2 €, circumvesuviana: neapel-poggiomarino pompei oder pompei scavi

⑥ IL MERCATO DI RESINA

Shoppen

(5) Das Motto von **Old Star Vintage** lautet: Hier bekommen Sie alles, was Sie brauchen. Wenn Sie Kleidung, Schuhe und Stoffe aus den 1950er- bis 1990er-Jahren suchen, werden Sie bestimmt fündig. Schöne Abendkleider, riesige Hüte, Militäruniformen, Taschen, Koffer oder Schuhe – die Auswahl ist groß.
via pugliano 60, ercolano, www.oldstarvintage.com, telefon: 081 7755785, geöffnet: mo-sa 7.30-13.30, circumvesuviana: ercolano scavi

(6) Der Markt **Mercato di Resina** entstand im Zweiten Weltkrieg und war damals ein Umschlagplatz für Diebesgut. Heute ist er ein berühmter Vintage-Markt, auf dem Secondhandkleidung bekannter Marken oder auch eine riesige Auswahl an Uniformen und Militaria verkauft werden.
via pugliano, ercolano, www.mercatodiresina.it, geöffnet: mo-so vormittags, circumvesuviana: ercolano scavi

(8) **Gioielleria Piscopo Biagio Coralli** ist Juwelier, Atelier und Showroom in einem. Die Meister der Korallen- und Muschelkunst verkaufen ausschließlich handgefertigte Unikate. Der Stil der meisten Schmuckstücke ist eher klassisch, einige wenige sind auch modern angehaucht.
corso resina 318, ercolano, telefon: 081 7391214, geöffnet: mo-sa 9.30-13.30 & 16.30-20.00, so nach vereinbarung, circumvesuviana: erconalo scavi

(17) Schätzen Sie maßgeschneiderte Hemden oder Anzüge? Dann sollten Sie **Conte Camiceria** aufsuchen, eine Boutique mit einer eigenen Schneiderei. Damen finden hier schöne Schuhe und Accessoires – alles *made in Italy*.
via carlo alberto 23, pompei, www.contecamiceria.it, telefon: 081 19664438, geöffnet: mo 16.30-20.30, di-sa 10.00-13.30 & 16.30-20.30, circumvesuviana: neapel-poggiomarino pompei

(24) Liebhabern religiöser Gegenstände wird im **Carotenuto** das Herz aufgehen, denn hier gibt es Passendes für Anlässe wie die Erstkommunion, Skulpturen, Rosenkränze oder Kerzen. Ideal, um ein religiöses Mitbringsel zu erstehen und die Erinnerung an den Besuch der Wallfahrtskirche wachzuhalten (siehe Nr. 16).
via carlo alberto 17, pompei, www.arredisacri.eu, telefon: 081 8507270, geöffnet: mo-fr 9.00-19.00, sa-so 9.00-13.00, circumvesuviana: neapel-poggiomarino pompei oder pompei scavi

Neapel live

③ Das **Museo Archeologico Virtuale** (MAV) ermöglicht eine multimediale Zeitreise in das Jahr 79 n. Chr. kurz vor, während und nach der großen Eruption des Vesuv. Für kurze Zeit werden die Städte Pompei und Herculaneum wieder zum Leben erweckt, bevor der gewaltige Ausbruch, der hier genauestens in 3-D miterlebt werden kann, alles zerstörte.
via IV novembre 44, ercolano, www.museomav.it, telefon: 081 19806511, geöffnet: di-fr 9.00-16.30 sa-so 9.00-17.30 märz-sept. auch mo, eintritt: 7,50 €, circumvesuviana: ercolano scavi

⑨ Die **Villa Campolieto** und die Villa la Favorita sind nur zwei von insgesamt 122 prunkvollen Villen, die ab etwa 1750 in der Gegend um Ercolano entstanden. Den Anfang machten die Baumeister Gioffredo und Vanvitelli 1755 mit der Villa Campolieto, deren Obergeschoss über eine gewaltige Treppe mit dem Erdgeschoss verbunden ist. Heute befindet sich in dem Gebäude ein internationales Kunst- und Kulturzentrum. Jedes Jahr im August wird hier das Festival delle Ville Vesuviane veranstaltet.
corso resina 283, ercolano, www.villevesuviane.net, telefon: 081 7322134, geöffnet: di-so 10.00-13.00, circumvesiviana: ercolano scavi

⑪ Die 1768 nach Plänen des Baumeisters Ferdinando Fuga erbaute **Villa la Favorita** war ein königlicher Wohnsitz und dementsprechend opulent eingerichtet. Zur Villa gehört ein Park mit einem Spazierweg am Meer. In einem Nebengebäude wurde vor Kurzem erst ein prachtvolles Mosaik entdeckt.
corso resina 291, ercolano, www.villevesuviane.net, telefon: 081 7322134, geöffnet: di-so 10.00-13.00, circumvesuviana: ercolano scavi

MUSEO ARCHEOLOGICO VIRTUALE ③

32

32

32

⑬ Im **Nationalpark Vesuv** (Parco Nazionale del Vesuvio) können Besucher den Gipfel des Vesuv besteigen und einen Blick in den Krater werfen. Die Aussicht auf den Golf von Neapel ist atemberaubend, vorausgesetzt, die Sicht ist gut. Der Vesuv ist von einem Netz aus neun Wanderrouten und zwei Radrouten erschlossen. Besonderes Highlight: eine Abendführung (Buchungen unter 800 600601). Ob tagsüber oder abends – gutes Schuhwerk ist Pflicht!
via panoramica fellapane al km 1, www.parconazionaledelvesuvio.it, telefon: 081 5742752, geöffnet: mo-so 9.00 bis 11/2 std. vor sonnenuntergang, eintritt: 10 €, ab bahnhof ercolano mit dem vesuvioexpres (www.vesuvioexpress.info) oder ab pompei bzw. neapel mit dem eavbus (hin und zurück 10 €)

㉜ Wer den berühmten Wein Lacryma Christi ("Tränen Christi") noch nicht kennt, sollte die **Cantina del Vesuvio** aufsuchen. Die unweit von Pompei an einem Hang des Vesuv gelegene Domäne befindet sich inmitten von Weinbergen und ist über eine unbefestigte Straße zu erreichen. Die Lage ist einzigartig, der Blick großartig – und Informationen über die Weinerzeugung und die Lacryma-Christi-Traube, die nur hier angebaut wird, erhält man noch dazu. Nach der Verkostung können Sie sich ein köstliches Mittagessen schmecken lassen – natürlich begleitet von dem edlen Tropfen.
via torre della guardia 18, trecase, www.cantinadelvesuvio.it, telefon: 081 5369041, geöffnet: mo-sa 9.00-18.00, so 10.00-13.00, preis: 15-25 €, circumvesuviana: pompei scavi, dann kostenloser shuttlebus (busvia), beim busbahnhof anrufen, um abgeholt zu werden

㉝ Keine Lust auf eine Vesuvbesteigung mit einer Schar anderer Touristen? Dann entdecken Sie den Vulkan auf der anderen Seite mit dem Shuttleservice **Busvia del Vesuvio**, der Sie in einem großen Geländewagen auf den Berg bringt. Nur das letzte Stück wird zu Fuß zurückgelegt – in Begleitung eines ortskundigen Vulkanführers, von dem man vieles erfahren kann.
via cifelli, boscoreale, www.busviadelvesuvio.com/en/, telefon: 34 09352616, preis: 22 € p. p., shuttlebus: kostenlos ab circumvesuviana-bahnhöfen ercolano scavi, pompei-villa dei misteri

Vesuv, Ercolano & Pompei

SPAZIERGANG 5 (ca. 15 km)

Vom Hauptbahnhof Napoli Centrale an der Piazza Garibaldi geht es mit der Circumvesuviana Richtung Sorrent. Aussteigen bei der Haltestelle Ercolano Scavi, wo Sie etwas trinken (1) oder Essen mitnehmen können (2). Der Via IV Novembre folgen, um ein Museum (3) und die Scavi di Ercolano (4) zu besuchen. Danach rechts den Corso Resina nehmen und dann rechts über die Via Mare Richtung Via Pugliano, in der sich eine Vintage-Boutique (5) und der Mercato di Resina (6) befinden. Von dort in die Via IV Novembre, um wieder zur Haltestelle zu gelangen. Appetit? Dann linker Hand zum Corso Resina zurückgehen, um bei Viva lo Re (7) zu lunchen. Etwas weiter warten Schmuck (8), die Villa Campolieto (9), eine köstliche Pizza (10) und die Villa la Favorita (11). Erneut Richtung Haltestelle zurückgehen. Sie kommen an Terrazza Due Golfi (12) vorbei, bevor Sie zum Vesuv gelangen (13). Alternativ können Sie auch mit der Circumvesuviana Richtung Torre Annunziata fahren, um die Ausgrabungen von Oplontis (14) zu bewundern. Von hier geht es wiederum mit dem Zug nach Poggiomarino, Haltestelle Boscoreale, um die Ausgrabungsstätte mit Museum (15) zu besuchen, bzw. Haltestelle Pompei, um die Kathedrale (16) zu sehen. Nach dem Kirchenbesuch den Platz überqueren und links in die Via Carlo Alberto einbiegen, um ein maßgeschneidertes Hemd anfertigen zu lassen (17) oder um eine Pause einzulegen (18) (19). Oder zurückgehen und links in die Via Astolelle in einem Garten ein gutes Essen genießen (20). Zum Platz zurückkehren und links in die Via Sacra, um sich Gebäck (21) und ein Eis (22) zu gönnen. Am Heiligen Brunnen vorbei geht es zweimal rechts, um zur Via Colle San Bartolomeo zu gelangen, die das Museo Vesuviano (23) beherbergt. Zurück zur Piazza Bartolo Lungo und dort links in die Via Roma, in der Liebhaber sakraler Souvenirs auf ihre Kosten kommen (24). Geradeaus gehen und dann in die Via Plinio zum Eingang der Scavi di Pompei (25), der Ausgrabungsstätte, die über einige Highlights verfügt (26) (27) (28) (29) (30) (31). Zurück zur Haltestelle Pompei, von wo aus es mehrere Möglichkeiten gibt, den Vesuv zu erkunden (32) (33). Wer sich mehr für die Geschichte interessiert, geht zurück zur zweiten Haltestelle von Pompei, um mit der Circumvesuviana Richtung Via Nocera zu fahren. Hier finden Sie die Scavi di Stabia (34), die Ausgrabungsstätte mit einzigartigen römischen Villen und einem Museum.

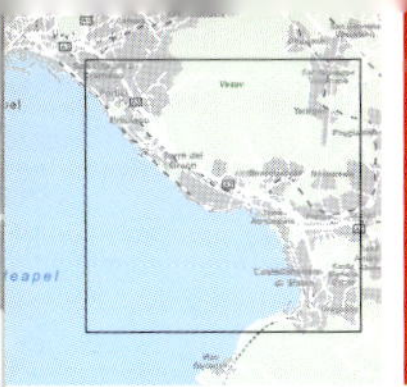

5

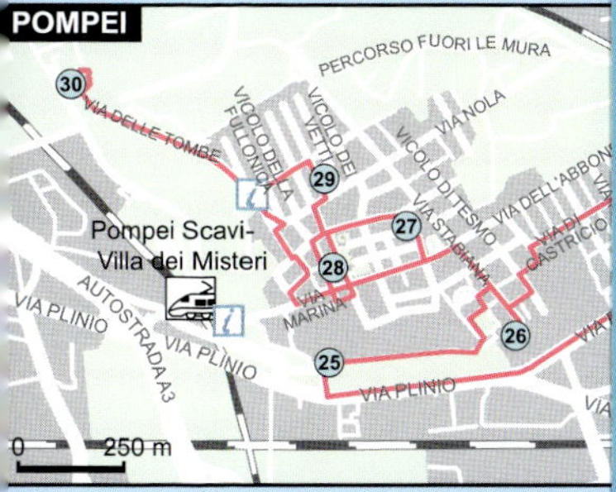

1. Cafè de Paris
2. Panilandia Paninoteca
3. Museo Archeologico Virtuale
4. Scavi di Ercolano
5. Old Star Vintage
6. Mercato di Resina
7. Viva Lo Re
8. Gioielleria Piscopo Biagio Coralli
9. Villa Campolieto
10. Taratatà ristorante pizzeria
11. Villa la Favorita
12. Terrazza Due Golfi
13. Parco Nazionale del Vesuvio
14. Villa di Oplontis
15. Antiquarium di Boscoreale
16. Heiligtum Unserer Lieben Frau vom Rosenkranz
17. Conte Camiceria
18. La Magia del Cono
19. Erman Cafè
20. Osteria Da Peppino
21. Panificio Amato
22. Golden Ice Gelateria Artigianale
23. Museo Vesuviano
24. Carotenuto
25. Scavi di Pompei
26. Vorstadtthermen
27. Il Lupanare di Pompei
28. Il Foro di Pompei
29. Haus des Fauns
30. Mysterienvilla
31. Amphitheater von Pompei
32. Cantina del Vesuvio
33. Busvia del Vesuvio
34. Scavi di Stabia

Capri, Anacapri & I Faraglioni

Eine mondäne, von azurblauem Wasser umgebene Felseninsel

Von den drei Inseln im Golf von Neapel ist Capri die mit Abstand schönste. Von Mai bis September ist die Insel voller Touristen aus aller Welt. Berühmt ist Capri wegen der herrlichen Naturlandschaft mit steilen, aus dem Meer aufragenden Klippen, Höhlen und Grotten wie der Blauen Grotte (Grotta Azzurra) und atemberaubenden Aussichten, zum Beispiel auf I Faraglioni (drei Felsen im Meer), Sorrent und den Vesuv am Festland. Bekannt wurde die Insel auch wegen der vielen Luxushotels, schicken Boutiquen, teuren Läden mit Edelmarken wie Gucci oder Armani und Spitzenrestaurants, von denen einige einen Michelin-Stern haben. Capri ist auch die Insel der Promis, wundern Sie sich also nicht, wenn Sie einem bekannten Gesicht begegnen.

Bei all dem gerät oft in Vergessenheit, dass Capri auch ein sehr geschichtsträchtiges Eiland mit großem archäologischem Reichtum ist. Seinen Namen verdankt es wahrscheinlich den Griechen, die es Kapros nannten – nach den Wildschweinen, auf die sie dort trafen. Anderen Quellen zufolge ist das

6

lateinische Wort *capreae* (Ziegen) der Ursprung. Augustus weilte als erster römischer Kaiser auf Capri, seine Gärten beim Kloster San Giacomo sind einen Besuch wert. Auch Kaiser Tiberius kam regelmäßig hierher und ließ zwölf Villen errichten, von denen einige besichtigt werden können.

Neben dem Ort Capri gibt es auf der Insel noch das bei Touristen weniger bekannte und authentischere Anacapri. Hier kann man in kleinen Läden stöbern, Kirchen besuchen, von einem Felsen beim Leuchtturm den Blick schweifen lassen oder zum Gipfel des Berges Solaro wandern. Die Chance, echten Inselbewohnern zu begegnen, ist hier am größten. Bestand die Bevölkerung früher vornehmlich aus Schafhirten, leben die Menschen heute vor allem von der Fischerei und dem Tourismus.

6 Insider-Tipps

Seggiovia Monte Solaro

Mit dem Sessellift zum Gipfel des Monte Solaro fahren.

Villa San Michele

Sehen, wie der schwedische Autor Axel Munthe lebte.

Capri sulla Pelle

Feine Seife und Parfüm kaufen und Capri spüren.

De Luigi ai Faraglioni

Köstlich speisen und den großartigen Blick genießen.

Blaue Grotte

Die atemberaubende Höhle entdecken.

Il Faro/Lido del Faro/ Da Antonio

Mit Einheimischen einen Strandtag verbringen.

- **Sehenswürdigkeiten**
- **Shoppen**
- **Essen & Trinken**
- **Neapel live**

Sehenswürdigkeiten

⑩ Die **Villa San Michele** wurde auf den Überresten einer römischen Villa 327 Meter hoch über dem Meer errichtet und war von 1896 bis 1910 Wohnhaus des schwedischen Arztes und Buchautors Axel Munthe. Die Aussicht von hier ist einfach überwältigend. Der Garten mit zahlreichen Olivenbäumen verfügt über einige romantische Sitzgelegenheiten und Überreste römischer, etruskischer und ägyptischer Kultur. Ob Museum, Garten, Kunst, Möbel oder das Haus selbst – alles ist fabelhaft.
viale axel munthe 34, anacapri, www.villasanmichele.eu, telefon: 081 8371401, geöffnet: täglich jan.-febr. & nov.-dez. 9.00-15.30, märz 9.00-16.30, apr. & okt. 9.00-17.00, mai-sept. 9.00-18.00, eintritt: 7 €, bus: anacapri

⑮ Die **Casa Rossa** springt nicht zuletzt wegen ihrer knallroten Fassade sofort ins Auge. Das markante Gebäude wurde zwischen 1876 und 1899 im Auftrag eines exzentrischen Obersts aus New Orleans errichtet. Eine Besonderheit sind die römischen Details und Fundstücke, die er beim Bau anbringen und integrieren ließ. Heute finden in der Casa Rossa Ausstellungen statt, zum Beispiel mit Gemälden von Capri aus dem 19. und 20. Jahrhundert.
via giuseppe orlandi 78, anacapri, www.comunedianacapri.it/it/s/casa-rossa-2, telefon: 081 8387111, geöffnet: apr.-mai di-so 10.00-17.00, juni-sept. di-so 10.00-13.30 & 17.30-20.00, okt. di-so 10.00-16.00, eintritt: 3 €, bus: nach anacapri

⑯ Die **Chiesa San Michele** ist eine im späten 17. Jahrhundert erbaute Barockkirche. Das nach dem Erzengel Michael benannte Gotteshaus ist vor allem wegen des Majolika-Fußbodens bekannt, auf dem Bibelszenen dargestellt sind, zum Beispiel die Vertreibung aus dem Paradies. Adam und Eva sind von Tieren und einem prachtvollen Einhorn umgeben und werden von einem Engel mit brennendem Schwert bedrängt. Um den Boden zu schonen, wurde seitlich eine Art Laufsteg angebracht.
piazza san nicola, anacapri, www.chiesa-san-michele.com/, telefon: 081 8372396, geöffnet: täglich apr.-sept. 9.00-19.00, okt.-märz 10.00-15.00, eintritt: 2 €, bus: nach anacapri

⑯ CHIESA SAN MICHELE

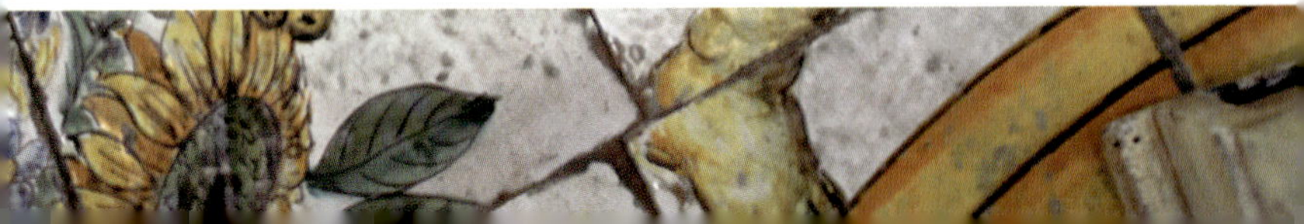

(20) Die **Blaue Grotte** (Grotta Azzurra) mit dem nur etwa 1,5 Meter hohen Zugangsloch ist weltberühmt. Das spektakuläre Azurblau des Wassers in der Höhle entsteht dadurch, dass Tageslicht unter Wasser in die Grotte strahlt. Hinein kommt man nur mit kleinen, von erfahrenen Einheimischen gesteuerten Booten, in denen man sich als Besucher etwas ducken muss – ein abenteuerliches Unterfangen bei unruhiger See, völlig unmöglich bei rauer See, dann ist die Höhle geschlossen. Sogar hier haben die Römer ihre Spuren hinterlassen: drei antike Statuen sind heute in der Casa Rossa zu besichtigen.
grotta azzurra, anacapri, www.capritourism.com/it/article?article1_id=8222, telefon: 081 8375308, geöffnet: täglich 9.00-17.00, eintritt: ab insel mit kleinem boot 4 €, bus: anacapri-grotta azzurra

(36) Anders als der Name vermuten lässt, wurden die **Augustus-Gärten** (Giardino Augosto) nicht vom gleichnamigen römischen Kaiser angelegt, sondern vom deutschen Industriellen Krupp. Genießen Sie die Ruhe zwischen all den Bäumen und Pflanzen und natürlich die grandiose Aussicht. Hier beginnt auch die Via Krupp, ein steiler, kurvenreicher Wanderweg hinunter nach Marina Piccola, der leider oft infolge von Erdrutschen unpassierbar ist.
via krupp, capri, www.capri.net/it/s/giardini-di-augusto-e-via-kruppgardens-via-krupp, geöffnet: täglich 9.00-19.30, eintritt: 1. apr.-15. nov. 1 €, bus oder funicolare: capri

(37) Das Kartäuserkloster **Certosa di San Giacomo** ist ein Musterbeispiel mittelalterlicher capresischer Architektur. Die Anlage, die eigentlich aus zwei Klöstern besteht – einem kleineren aus dem 14. Jahrhundert und einem größeren aus dem 16. Jahrhundert – beherbergt heute eine Schule und eine Bibliothek. Außerdem gibt es einen Raum, in dem Wechselausstellungen lokaler Künstler und Fotografen gezeigt werden, und ein Museum mit einer Gemäldesammlung aus dem 17. Jahrhundert.
via certosa, capri, www.capri.com/en/s/the-charterhouse-of-st-giacomo, telefon: 081 8376218, geöffnet: di-so 9.00-14.00 & 17.00-20.00, eintritt: 4 €, bus oder funicolare: capri

Essen & Trinken

③ Capri ist teuer? Nicht immer, es geht auch günstig. Zum Beispiel mit einem Sandwich aus der **Salumeria da Aldo**. Probieren sollten Sie den Panino Caprese mit frischen Tomaten, Mozzarella und Basilikum.
via cristoforo colombo 26, capri, telefon: 081 8377541, geöffnet: apr.-okt. täglich 7.00-22.00, preis: belegtes brötchen 4 €, fähre: beverello-capri

⑥ Speisen unter Zitronenbäumen? Im **Ristorante Paolino** geht das. In diesem romantischen Lokal inmitten des größten und schönsten Zitronenhains der Insel isst man vorzüglich. Paolino und Lino durften schon so manche Berühmtheit als Gast begrüßen, wer will, dem erzählen sie die herrlichsten Geschichten.
via palazzo a mare 11, anacapri, www.paolinocapri.com/en/, telefon: 081 8376102, geöffnet: täglich apr.-mai 12.30-15.00 & 19.15-00.00, jun.-mitte okt. 19.15-00.00, preis: 40 €, fähre: beverello-capri

⑧ Die **Bar Canzone del Cielo** ("Lied des Himmels") liegt auf dem Gipfel des Monte Solaro und ist zu Fuß oder mit der Seggiovia, dem Sessellift, erreichbar. Oben angekommen können Sie eine Erfrischung, gutes Essen und vor allem die tolle Aussicht genießen. Wer etwas mehr Erholung braucht, kann es sich auf einer der Liegen bequem machen und der Stille lauschen.
via caposcuro 10, anacapri, www.capriseggiovia.it, telefon: 081 8371438, geöffnet: täglich märz-apr. 9.30-16.30, mai-okt. 9.30-17.00, nov.-febr. 9.30-15.30, preis: 5 €, sessellift: ab anacapri

⑪ Das moderne **Cafè Casa Oliv** befindet sich auf dem Dach des Museums der Villa San Michele. Das Essen ist einfach, aber gut, das Surrounding mit dem herrlichen Garten der Villa könnte schöner nicht sein.
via axel munthe 34, anacapri, www.villasanmichele.eu, telefon: 081 8371401, geöffnet: täglich mai-sept. 9.00-18.00, okt.-apr. 9.00-17.00, preis: 10 €, bus: anacapri

⑰ Die Speisekarte des familiengeführten Restaurants **L'Angolo del Gusto** umfasst originelle Gerichte. Unbedingt probieren sollten Sie *penne aumn aumn* (Nudeln mit Auberginensoße) oder den gegrillten Tintenfisch mit Ingwer.
via boffe 2, anacapri, https://www.facebook.com/langolo.delgusto, telefon: 081 8373467, geöffnet: täglich 12.00-22.00, preis: 25 €, bus: nach anacapri

BAR CANZONE DEL CIELO ⑧

㉑ Das **Ristorante Il Riccio** gehört zu den Spitzenrestaurants der Insel und brüstet sich zu Recht mit einem Michelin-Stern. In dem Lokal mit einer Terrasse mit Blick auf die Blaue Grotte kann man dem Küchenchef bei der Arbeit in der offenen Küche zuschauen. Wer Fisch essen möchte, kann selbst aus dem frischen Fang auswählen. Die Spezialität des Hauses: Spaghetti mit Seeigel. Etwas tiefer gelegen finden Gäste eine Sonnenterrasse, auf der man etwas trinken oder eine Kleinigkeit essen kann.
via gradola 4-6, grotta azzurra, www.capripalace.com, telefon: 081 8371380, geöffnet: mo-mi12.30-16.00, do-so 12.30-16.00 & 20.00-23.00, preis: 50 €, bus: anacapri-grotta azzurra, fähre: ab piazzale europa do-so 20.15, 21.00, 21.45

㉗ **Capri Pasta** ist fast schon ein Geheimtipp der Einheimischen. Der Laden versteckt sich in einer kleinen Straße und ist nicht leicht zu finden. Hier können Sie sich für wenig Geld mit Nudeln, Brötchen oder auch Fleischbällchen und Würstchen eindecken. Machen Sie es wie die Capresen und lassen Sie sich für ein Strandpicknick ein Lunchpaket zusammenstellen.
via parroco canale 12, capri, www.capripasta.com, telefon: 081 8370147, geöffnet: mo-sa 9.00-20.00, so 9.00-14.00, bus oder funicolare: capri

(29) **Le Grottelle** ist ein familiengeführtes Restaurant mit einer herrlichen Terrasse mit Meerblick. Das Lokal liegt idyllisch und in absoluter Ruhe an der Straße zum Arco Naturale. Die *mamma* kocht selbst in einer Küche in einer Höhle. Statt Brot kommt Foccacia mit Rosmarin auf den Tisch – köstlich!
via arco naturale, capri, telefon: 081 8375719, geöffnet: apr.-okt. mo, mi-so 12.00-15.00 & 19.00-23.00, preis: 20-40 €, zu fuß ab piazzetta capri

(31) **Terrazza Brunella** ist ein romantisches Restaurant mit einer großen windgeschützten Terrasse mit herrlichem Blick auf die Marina Piccola. Hier darf sich der Gast wie ein König fühlen. Für seine traditionellen kampanischen Gerichte verwendet der Küchenchef Antonio de Simone ausschließlich frische Zutaten. Berühmt sind die *ravioli fortino caciotta* mit Aubergine, Majoran und Tomaten – ein Muss, wenn man Capri besucht – sowie *paccheri alla brunella* mit Venusmuscheln, Miesmuscheln und Garnelen.
via tragara 24, www.terrazzabrunella.com, telefon: 081 8370122, geöffnet: ostern-anfang nov. täglich 11.30-15.00 & 19.00-23.00, preis: 45 €, bus oder funicolare: capri

(32) Die Lage von **Da Luigi** ai Faraglioni ist außergewöhnlich – direkt am Meer auf einem Felsvorsprung mit Blick auf die berühmten Faraglioni. Das Lokal – Restaurant und Strandclub – erreicht man zu Fuß nach einem kurzen, aber wunderbaren Spaziergang, der an der Via Tragara startet. Essen, in erster Linie Fischgerichte, kann man hier ausgezeichnet. Wer nicht viel Appetit hat, kann sich nur ein Sandwich oder einen Salat bestellen. Schon seit 1936 ist das Lokal nicht nur bei den Einheimischen beliebt, sondern auch bei Promis. Tipp: Fahren Sie mit dem Boot zurück zur Anlegestelle Canzone del Mare in Marina Piccola.
via faraglioni 5, capri, telefon: 081 8370591, geöffnet: täglich 9.00-19.00, fußweg hinunter ab via tragara oder shuttleboot: ab marina piccola

(33) Die köstlichen Spezialitäten, die im **Ristorante Faraglioni** auf der Karte stehen, würde man am liebsten alle probieren. Natürlich kann man drinnen essen, aber reizvoller sind die Vierertische draußen, die alle einzeln überdacht sind. Besonderheit: Der Blauregen, der sich wie ein natürliches Dach schützend über die Veranda legt, ist mehr als 100 Jahre alt.
via camerelle 75, capri, www.faraglioni.com, telefon: 081 8370320, geöffnet: apr.-okt. 12.00-15.00 & 19.00-23.00, preis: 45 €, bus oder funicolare: capri

④ LA CAMPANELLA DELLA FORTUNA

Shoppen

④ Die hübschen Glücksglöckchen, die **La Campanella della Fortuna** verkauft, sind aus Ton, von Hand gefertigt, bemalt und stellen ein typisches Produkt der Insel dar. Einer Legende nach liegt ihr Ursprung im 15. Jahrhundert. Als ein armer Hirte seine Schafe suchte und bereits fürchtete, sie könnten ins Meer gestürzt sein, erschien ihm der Engel Michael mit sanftem Klingeln und strahlendem Licht. Kurz danach fand er seine Schafe, alle wohlauf. Seitdem symbolisieren die Glöckchen die Gnade des Himmels und sollen Glück bringen.
via cristoforo colombo 38, capri, mycapri.it/en, telefon: 033 43563633, geöffnet: märz-nov. mo-so 9.00-19.00, fähre: beverello-capri

⑨ Capri ist auch bekannt für die dort hergestellten Keramikwaren. Wer des klassischen Zitronenmotivs überdrüssig ist, sollte mal bei **Pop Gallery** vorbeischauen. Dieser Laden im Luxushotel Palace Hotel überrascht mit modernen Skulpturen und anderen Werken italienischer Künstler.
via capodimonte 24, anacapri, www.capripalace.com, telefon: 081 9780513, geöffnet: apr.-okt. täglich 9.00-20.00, bus: anacapri

⑫ Schon seit 1958 werden bei **L'Arte del Sandalo Caprese** die formschönen Capri-Sandalen hergestellt – alles in Handarbeit und ausschließlich von Leder aus Italien. Durch die Werkbank, das Werkzeug und das herumliegende Material wirkt der Laden eher wie eine Werkstatt. Alles steht bereit, damit Ihre Füße binnen einer Stunde in Ihre Wunschsandalen schlüpfen können.
via giuseppe orlandi 75, anacapri, sandalocaprese.it/, telefon: 081 8373583, geöffnet: täglich 9.00-20.00, bus: nach anacapri

⑬ Ein typisches Produkt der Insel und der Amalfiküste ist Bekleidung aus Leinen. Leinen wirkt nicht nur lässig-elegant, sondern kühlt und ist somit ein idealer Stoff für wärmere Gefilde. Bei **MikMak di Domenico Farace** gibt es dieses Traditionsprodukt in modernen, schicken Ausführungen, mit denen Sie immer und überall gut aussehen. Alles made in Italy.
via giuseppe orlandi 62, anacapri, mycapri.it/en, telefon: 081 8382210, geöffnet: mo-sa 10.00-20.00, bus: nach anacapri

⑭ Wer den Duft von **Capri sulla Pelle** (Capri auf der Haut) erschnuppert hat, kann den Namen noch besser verstehen. Denn mit einem der angebotenen Produkte zaubern Sie sich das Wesen Capris selbst auf die Haut. Die Seifen und Bodylotions werden aus natürlichen, biologisch erzeugten Produkten der Insel wie Zitronen und Olivenöl hergestellt, der Duft des Parfüms erinnert an Meer und Wind. Das Sortiment ist von ausgezeichneter Qualität, der Duft ist angenehm zurückhaltend. In der zweiten Filiale an der Via Capodimonte werden Ledertaschen und Mäntel verkauft – alles eigene Entwürfe, handgefertigt und selbst gefärbt. Von jedem Modell gibt es nur zwei Exemplare.
via giuseppi orlandi 115, anacapri, www.caprisullapelle.it, telefon: 081 8373359, geöffnet: mo-sa 10.00-20.00, bus: nach anacapri

⑱ **La Bottega dell'Arte** von Sergio Rubino liegt etwas versteckt in einer der für diesen Teil von Anacapri typischen weißen Gassen, die so gemütlich wirken. Vater Sergio und Sohn Raphael sind Künstler mit internationalem Ruf, die sich die Inspiration für ihre Kunstwerke vor der eigenen Haustür holen.
via catena 2-4, anacapri, www.labottegadellartedirubino.com/, telefon: 081 8371878, geöffnet: mo-fr 10.00-18.00, sa 10.00-17.30, bus: nach anacapri

㉓ Die **Enoteca Segreta** ist eine etwas versteckt liegende Weinhandlung mit einem gigantischen Sortiment an italienischen Qualitätsweinen und Gaumenfreuden aus der Region. Was den Laden aber zu einer echten Besonderheit macht, ist die Leidenschaft der Inhaberfamilie Pollio. Sie wollen ihren Kunden nur das Beste bieten, haben aber auch stets die Umwelt und ihre Umgebung im Blick.
via roma 64, capri, www.capri.it/it/c/enoteca-segreta-2, telefon: 081 8375445, geöffnet: täglich ma-zo 10.30-20.00, bus oder funicolare: capri

㉔ **Capri Gloves** verkauft elegante Lederhandschuhe, die seit 1899 in dritter Generation von Familie Forino in Neapel hergestellt werden. Für die eleganten Modelle, die stets den letzten Trends folgen, wird nur hochwertiges Leder verwendet. In dem stilvoll eingerichteten Laden gibt es Handschuhe in allen Farben und Größen. Wer kann da schon widerstehen?
via roma 91, capri, www.caprigloves.it, telefon: 34 73903173, geöffnet: mo-so 10.30-20.00, bus oder funicolare: capri

㉕ Wer besondere Möbel oder dekorative Objekte sucht, wird bei **Michele Pagano Capri Interiors** mit Sicherheit fündig. Dank moderner Gestaltungsansätze und neuer Materialien erhalten die Formen und die Eleganz vergangener Zeiten eine neue Interpretation.
via roma 73a, www.caprinteriors.it, telefon: 081 8374854, geöffnet: mo-so 10.30-20.00, bus oder funicolare: capri

23 ENOTECA SEGRETA

(26) **La Conchiglia** ist Buchhandlung, Verlag und Kunstgalerie in einem. Die Inhaber und Gründer Ausilia Veneruso und Riccardo Esposito haben drei Filialen auf der Insel eröffnet. Heute verkaufen sie mit Sohn Vincenzo besondere Publikationen, gerade zum Thema Capri. Hier bekommen Sie auch tolle Fotos und Bildbände lokaler Fotografen wie Umberto Daniello.
via camerelle 18, capri, www.laconchigliacapri.eu, telefon: 081 8376577, geöffnet: mo-so im sommer 9.00-00.00, im winter 9.00-13.30 & 15.30-20.30, bus oder funicolare: capri

(28) Margaret, Gaetana, Elizabeth und Mary – vier Schwestern führen zusammen einen Laden: **Farella**. Vier Frauen, die sich der Webkunst und anderen textilen Techniken verschrieben haben. Hier bekommen Sie elegante Kleidung für warme Sommerabende oder handgewebte Schals aus Kaschmir- und Schurwolle. Schöne Unikate, die sich herrlich anfühlen und tragen lassen.
via fuorvaldo 21c, capri, farella.mtpdevelopment.com/sta, telefon: 081 8375243, geöffnet: märz-dez. täglich 10.00-22.00, bus oder funicolare: capri

(34) Die Geschichte des Familienunternehmens **Capri Watch** begann im Jahr 1964 mit der Eröffnung eines Ladens, in dem Murano-Glas aus Venedig verkauft wurde. Heute ist Capri Watch gleichbedeutend mit Designeruhren, in denen Murano-Glas verarbeitet wurde. Entworfen werden sie von Silvio, dem Sohn des Gründers, der sich damit einen Kindheitstraum erfüllt. Die Marke ist inzwischen auch jenseits der Insel bekannt, und die Uhren werden vor allem von Menschen getragen, die das Besondere lieben.
via camerelle 21, capri, www.capricapri.com/en/, telefon: 081 8377148, geöffnet: täglich 10.00-22.00, bus oder funicolare: capri

(35) **Carthusia** ist eine alte Parfümerie mit mehreren Filialen. Nur befindet sich diese an einem besonderen Ort, direkt neben dem Kloster San Giacomo. Das verwundert nicht, wenn man die Geschichte von Carthusia kennt. Denn das berühmte blumige Parfüm soll eher zufällig vom Abt des Klosters erfunden worden sein. Das Wasser, das er für ein königliches Blumenarrangement aus den schönsten Blumen der Insel verwendet hatte, duftete nach drei Tagen intensiv nach den Blüten. So war der Grundstein für das Capri-Parfüm gelegt.
via camerelle 10, capri, www.carthusia.it, telefon: 081 8375393, geöffnet: täglich apr.-okt. 9.00-22.00, nov.-märz 9.00-17.00, bus oder funicolare: capri

Neapel live

① Capri sollte man unbedingt auch vom Wasser aus erleben. **Capri Whales di Wendy** bietet verschiedene Bootsfahrten an, die an diversen Höhlen wie der Blauen Grotte oder auch an der großartigen Felsformation I Faraglioni vorbeiführen.
via marina grande 17, www.caprinautica.it, telefon: 081 8375833, preis: bootsfahrt 20 €, fähre: beverello-capri

② Tauchfans kommen auf Capri voll auf ihre Kosten und können bei **Capri Sea Service** Tauchgänge in Begleitung professioneller Taucher buchen – ein einmaliges Erlebnis.
via cristoforo colombo, capri, www.capriseaservice.com, telefon: 081 8378781, geöffnet: apr.-okt. täglich 9.00-19.30, fähre: beverello-capri

⑤ Man kann Capri auf unterschiedliche Art erkunden, aber mit einer Vespa von **Oasi Motor** macht es am meisten Spaß. Denn so kann man Orte aufsuchen, die nur schwer zu erreichen sind, zum Beispiel den Leuchtturm in Anacapri.
via provinciale marina grande 208, capri, www.noleggiooasimotorcapri.it/, telefon: 081 8377138, geöffnet: apr.-okt. täglich 10.00-20.00, preis: rollerverleih 50 €, fähre: beverello-capri

⑦ Die bequemste Art, den höchsten Punkt Capris zu erreichen, ist eine Fahrt mit der **Seggiovia Monte Solaro**. Mit dem Sessellift sind Sie im Nu auf dem Gipfel des Monte Solaro, von wo aus sich Ihnen eine sensationelle Aussicht bietet. Wer möchte, kann zur Abwechslung zu Fuß den Abstieg wagen.
via capposcuro 10, anacapri, www.capriseggiovia.it, telefon: 081 8371438, geöffnet: täglich märz-apr. 9.30-16.30, mai-okt. 9.30-17.00, nov.-febr. 9.30-15.30, preis: einfache fahrt 7,50 €, hin und zurück 10 €, bus: nach anacapri

⑲ Bei **Da Antonio** scheint die Zeit stehen geblieben zu sein. Das Lokal mit seiner schlichten Einrichtung im Stil der 1950er-Jahre verfügt über eine Terrasse mit Holzliegestühlen, Tischen unter einer Pergola und Sonnenschirmen aus Rattan. Da Antonio liegt direkt am **Lido di Faro** und der Strand wiederum nahe Il Faro, dem Leuchtturm von Anacapri.
località punta carena, anacapri, www.lidofaro.com, telefon: 081 8371798, bus: anacapri-il faro

LIDO DI FARO ⑲

㉒ Wer einen ganzen Tag an einem Privatstrand verbringen und sich um die Mittagszeit kulinarisch verwöhnen lassen möchte, sollte das **Bagni da Gioia** anvisieren. Hier serviert Inhaber Giuseppe köstliche Fischgerichte und exzellente Pasta. Der großartige Blick auf I Faraglioni ist im Preis inbegriffen. *via mulo 76, capri, www.dagioiacapri.com, telefon: 081 8377702, geöffnet: täglich 9.00-20.00, preis: 20-60 €, bus: ab capri via roma richtung marina piccola*

㉚ Der **Arco Naturale** ist ein riesiger Felsbogen, der eine tolle Aussicht auf die Halbinsel Sorrent gewährt. Wer gerne wandert, hat zwei Möglichkeiten: entweder den gleichen Weg hin und zurück oder die Treppe neben Le Grottelle nehmen und dann dem Wanderweg Pizzolungo Richtung Belvedere Tragara folgen. Eine nicht ganz leichte, aber faszinierende Tour.
via arco naturale, capri

Capri, Anacapri & I Faraglioni

SPAZIERGANG 6 (ca. 11 km)

In einem der Häfen von Neapel, wie zum Beispiel Beverello, die Fähre nach Capri nehmen. Auf der Insel angekommen, eine weitere Bootsfahrt (1) oder einen Tauchgang (2) unternehmen. Danach bei Salumeria da Aldo (3) Schlemmereien für ein Picknick einkaufen und bei Campanella della Fortuna ein besonderes Souvenir (4) erstehen. Dann einen Motorroller mieten, um Capri zu erkunden (5). Romantisch veranlagt? Reservieren Sie für abends einen Tisch im Ristorante Paolino (6). Vom Hafen die Funicolare Richtung Zentrum nehmen. Nach Anacapri fahren Sie mit dem Bus und steigen am Platz aus. Mit einem Sessellift erreichen Sie den Gipfel des Monte Solaro (7). Hier können Sie etwas trinken und essen und dabei die herrliche Aussicht genießen (8). Wieder unten angelangt, in die Via Capodimonte (9) einbiegen. Die beherbergt die Villa San Michele (10), wo auf der Dachterrasse ein Mittagessen mit grandioser Aussicht wartet (11). Zum Platz zurückgehen und die Straße Richtung Via Giuseppe Orlandi überqueren, um zu shoppen (12) (13) (14) und die kulturellen Hotspots (15) (16) zu besuchen. Zurück zur Via Giuseppe Orlandi und den Kunstladen (17) (18) aufsuchen. Weiter geht es Richtung Via Tommaso de Tommaso, um den Bus zum Leuchtturm (19) oder zur Blauen Grotte (20) zu nehmen. Ganz in der Nähe hält ein Sternerestaurant (21) Köstlichkeiten bereit. Oder nach Capri zurückfahren und dort den Bus nach Marina Piccola (22) nehmen. Wieder zurück in Capri in der Via Roma eine kleine Shoppingtour einlegen (23) (24) (25) (26). Der Straße bis zum Platz folgen. Hier erst rechts, dann links, erneut rechts und wieder links, um ein paar Brötchen zu kaufen (27). Zurück in die Via Fuorlavado (28) und von dort weiter über die Via Croce, Via Sopramonte und Via Matermania, um zu Le Grottelle (29) und dem Arco Naturale (30) zu gelangen. Eventuell bei Farella in die Via Padre Reginaldo Giuliano einbiegen und dann rechts in die Via Tragara, um bei Terraza Brunella (31) eine Pause einzulegen. Oder den Schildern "Da Luigi" (32) folgen, um mit bester Aussicht auf die Faraglioni fürstlich zu speisen. Etwas bescheidener tafeln können Sie in der Via Tragara (33). Dann der Via Camerelle folgen, um bei Capri Watch (34) vorbeizuschauen. Links in die Via Federico Serena (35) und wieder links in die Via Cerosa, um einen schönen Garten (36) oder ein Kloster (37) zu besuchen. Um wieder zum Hafen zu gelangen, an der Piazzetta die Funicolare nehmen oder zu Fuß hinuntergehen (ca. 10 Minuten).

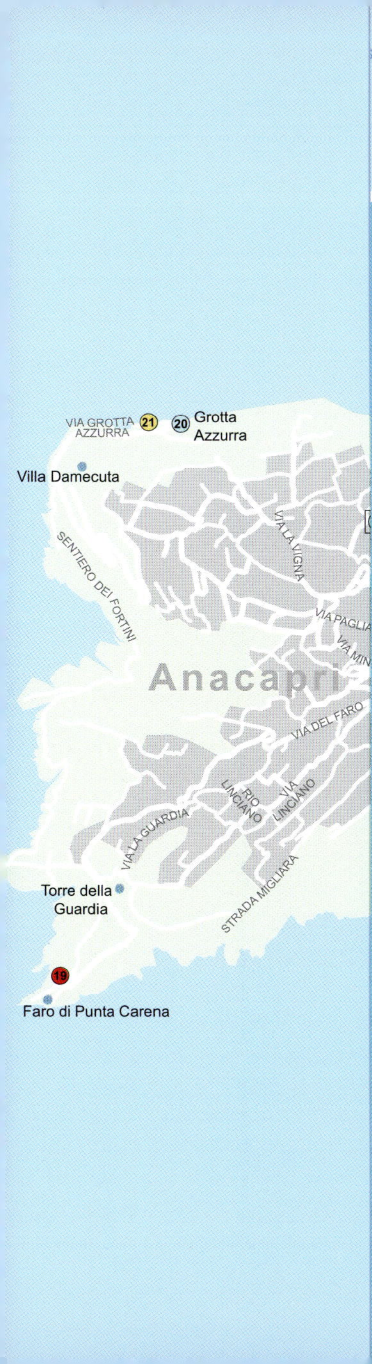

SCHES MEER

6

1. Capri Whales di Wendy
2. Capri Sea Service
3. Salumeria da Aldo
4. La Campanella della Fortuna
5. Oasi Motor
6. Ristorante Paolino
7. Seggiovia Monte Solaro
8. Bar Canzone del Cielo
9. Pop Gallery
10. Villa San Michele
11. Cafè Casa Oliv
12. L'Arte del Sandalo Caprese
13. MikMak di Domenico Farace
14. Capri sulla Pelle
15. Casa Rossa
16. Chiesa San Michele
17. L'Angolo del Gusto
18. La Bottega dell'Arte
19. Lido di Faro/Da Antonio
20. Blaue Grotte
21. Ristorante Il Riccio
22. Bagni da Gioia
23. Enoteca Segreta
24. Capri Gloves
25. Michele Pagano Capri Interiors
26. La Conchiglia
27. Capri Pasta
28. Farella
29. Le Grottelle
30. Arco Naturale
31. Terrazza Brunella
32. Da Luigi ai Faraglioni
33. Ristorante Faraglioni
34. Capri Watch
35. Carthusia
36. Augustus-Gärten
37. Certosa di San Giacomo

Weitere Sehenswürdigkeiten

Wer den in 100% Neapel beschriebenen Routen folgt, entdeckt viele Schönheiten der Stadt. Doch auch Orte abseits der Spaziergänge sind natürlich einen Besuch wert. Einige davon sind nachfolgend beschrieben. Manche dieser Sehenswürdigkeiten sind vom Zentrum aus schwer zu Fuß zu erreichen, mit dem öffentlichen Nahverkehr ist das aber kein Problem. Die dazugehörigen Buchstaben finden Sie auf der Übersichtskarte vorn im Cityguide.

(K) Die fruchtbare **Halbinsel von Sorrent** ist mit der Circumvesuviana gut erreichbar. Die Insel hat ein weitverzweigtes Netz aus Wanderwegen, wie zum Beispiel dem Sentiero degli Dei ("Weg der Götter"), der am Meer entlang durch malerische Dörfer und Zitronenhaine führt. Diese Zitronen sind übrigens die Grundzutat für den Likör Limoncello. Nach der Wanderung können Sie sich an einem der Strände erholen oder Sorrent und die Amalfiküste besuchen.
www.sorrentotourism.com/en, telefon: 081 8074033, circumvesuviana

(L) **Posillipo** ist nicht nur der Name eines vornehmen Stadtteils von Neapel, sondern auch des Hügelzugs, der die Stadt und die Phlegräischen Felder voneinander trennt. Die Gegend hat einiges zu bieten: Das Forschungszentrum Gaiola veranstaltet Exkursionen auf dem und am Meer, und im archäologischen Park von Pausilypon wartet die Grotta di Seiano. Reizvolle Restaurants mit zum Teil toller Aussicht auf den Vesuv und die Bucht befinden sich im Fischerhafen Marechiaro. Auch wer keinen Appetit verspürt, muss auf die Aussicht nicht verzichten – vom Park Virgiliano aus ist sie genauso spektakulär.
viale virgilio, discesa gaiola 27-28, discesa coroglio 36, posillipo, virgiliano.it, telefon: 081 2403235, u-bahn: 2 mergellina, bus: 140 oder f9 (grotta di seiano)

(M) Der Park **Bosco di Capodimonte** wurde in der Zeit der Bourbonen für den König und seine Gäste angelegt, die hier jagen und angeln konnten. Heute kommen viele Neapolitaner hierher, um spazieren zu gehen oder Rad zu fahren. Das Schloss im Park beherbergt das **Museo di Capodimonte**, das über eine wertvolle Gemäldesammlung verfügt. Erstaunlicherweise finden nur wenig Neapolitaner und kaum Touristen den Weg zum Museum.
via miano 4, www.boscodicapodimonte.it, telefon: 081 7499151, geöffnet: park: okt.-märz 7.45-18.00, nov.-jan. 7.45-17.00, apr.-sept. 7.45-19.30, feiertage 7.30-13.45 & museum: mo-di & do-so 8.30-19.30, eintritt: 7,50 €, bus: r4 oder c63

HALBINSEL VON SORRENT Ⓚ

Ⓝ In Neapel jemanden zu treffen, der Fußball nicht mag, ist kaum möglich. Daher gehört es eigentlich dazu, die überbordende Leidenschaft der Neapolitaner für diesen Sport einmal live mitzuerleben. Gelegenheit dazu bietet ein Spiel des Fußballvereins SSC Neapel im **Stadio San Paolo**. Außerdem ist das der schnellste Weg, um das Fluchen auf Neapolitanisch zu erlernen – denn auch wenn der SSC führt, aber schlecht spielt, gehen die Fans nicht gerade zimperlich mit den Spielern um. Trikots und andere Accessoires des SSC sind überall in der Stadt erhältlich.
piazzale vincenzo tecchio, neapel, www.sscnapoli.it, telefon: 081 5095344, bus: 152 ab hauptbahnhof, u-bahn: 2 campi flegrei, cumana: von montesanto nach mostra

(O) **Mostra d'Oltremare** ist ein herrlicher Park in Neapel, in dem man joggen, Fahrrad fahren (Räder kann man dort auch mieten) oder schwimmen kann. Für Kinder gibt es Spielplätze, für Erwachsene Ausstellungen, Grasflächen mit kleinen Bars und Handwerksmärkte. Regelmäßig finden auch interessante Theatervorstellungen und Live-Auftritte unter freiem Himmel statt. Schauen Sie auch unbedingt an der Fontana Esedra vorbei, wenn das Wasser des Springbrunnens zu Musik "tanzt" (Fr-So 21.30 Uhr und Sa-So um 12.30 Uhr). Gerade am Abend ist das Ganze wegen der tollen Lichtshow noch eindrucksvoller.
viale kennedy 54, www.mostradoltremare.it, telefon: 081 7258000, geöffnet: mo-do 7.00-19.00 & fr-so 7.00-00.00, eintritt: 1 €, bus: 180, 181, 615, c1, c2, c6, c7, c8, r6 piazzale tecchio, u-bahn: 2 campi flegrei, cumana: mostra/fuorigrotta

(P) Süditalienisches Flair in Vollendung und Idylle pur bietet **Procida**, die kleinste, älteste und auch schönste Insel im Golf von Neapel. Zentrum der Insel ist Terra Murata, das komplett von einer alten Mauer umgeben ist. Zum Ort mit all den bunten Häuschen, die hier dicht an dicht stehen, gehört auch der kleine Fischerhafen Corricella. Die Insel, deren Bevölkerung sich hauptsächlich aus Fischern zusammensetzt, diente bereits als Kulisse für Kinofilme wie *Der Postmann (Il Postino)* mit Massimo Troisi und *Der talentierte Mr. Ripley*. Procida ist bekannt für seine großartige Natur, herrlichen Strände und die tollen Ausblicke. Da die Insel unter Naturschutz steht, sind manche Bereiche nicht oder nur teilweise zugänglich. Sehenswert sind die Abtei San Michele mit den Katakomben und das Castello d'Avalos, ein Bourbonen-Schloss aus dem 16. Jahrhundert.
www.procida.net/index.htm, fähre: von neapel, pozzuoli oder ischia

(Q) Die Vulkaninsel **Ischia** wurde erst von den Griechen besiedelt, dann nahmen die Römer die Insel ein. Die große Besonderheit sind die zahlreichen heißen Quellen, die etliche Thermalbäder speisen und in der Baia di Sorgeto sogar das Meerwasser erwärmen. Gönnen Sie sich einen entspannenden Aufenthalt in einem Thermalbad und eine Wellnessbehandlung. Touristen kommen vor allem zum Kuren hierher, doch es gibt auch einige Sehenswürdigkeiten wie etwa das Castello Aragonese, das malerische Fischerdorf Sant Angelo, die Gärten von La Mortella oder die Kirche von Soccorso, in der die Einheimischen für eine gute Rückkehr der Fischer beten.
www.comuneischia.it, fähre: von neapel mergellina oder pozzuoli

Ⓡ Baia beherbergt wunderschöne und teils auch einzigartige Sehenswürdigkeiten. Da der Meeresspiegel zur Römerzeit tiefer lag, befinden sich zahlreiche römische Ruinen heute im Meer vor der Küste von Baia und Pozzuoli. Von **Baia** fahren Ausflugsboote mit gläsernem Boden zu den Stellen, an denen man die Überreste von Häusern und Repliken römischer Skulpturen bewundern kann. Die Originale sind im Castello di Baia ausgestellt, das heute als archäologisches Museum dient. Die Eintrittskarte für das Museum gilt auch für die Ausgrabungsstätte römischer Thermen sowie die Scavi di Cuma. Bei einem Eis im Eiscafé Monkey's kann man alle Eindrücke in Ruhe Revue passieren lassen. Von Baia ist man im Nu in Bacoli, am Lago Fusaro, Monte di Procida oder Capo Miseno.
www.parcoarcheologicosommersodibaia.it, cumana: lucrino, dann eav bus: richtung monte di procida, haltestelle baia

Ⓢ Cumae wurde 750 v. Chr. von den Griechen gegründet, die zuvor bereits Ischia besiedelt hatten, und ist somit die älteste griechische Kolonie auf dem italienischen Festland. Von hier aus wurden die Gebiete des heutigen Neapel und Sizilien kolonisiert. In **Cumae** sind noch zahlreiche Reste der griechischen Akropolis zu sehen, zum Beispiel zwei Tempel, die später sowohl von den Römern als auch von den Christen genutzt wurden. Ein Beleg für Letzteres ist ein Taufbecken im Tempel des Zeus. Die größte Attraktion ist die Sibyllengrotte: eine Höhle, zu der ein langer Gang mit diversen Lichtschächten führt und in der angeblich Sibylle ihre Orakelsprüche abgab.
monte di cuma 1, pozzuoli, www.coopculture.it, telefon: 081 8040430, geöffnet: mo-so 9.00-eine std. vor sonnenuntergang, eintritt: 4,00 €, eav bus: piazza garibaldi-monte di procida, lucrino piazzetta

Ⓣ Der **Astroni-Krater** ist ein erloschener Vulkan, der zum sehr viel größeren Agnano-Krater in den Phlegräischen Feldern gehört. Die 247 Hektar große Caldera ist 3600 Jahre alt und steht heute unter Naturschutz. Der Krater, in den man hinuntersteigen kann, ist mit Wäldern bedeckt, in denen Wildpferde leben und zahlreiche seltene Tier- und Pflanzenarten vorkommen. Inmitten einer idyllischen Wiese steht ein jahrhundertealter Baum und lädt zum Rastmachen ein. Manchmal finden im Krater auch Kunstprojekte statt. Hinweis: Die Krater-Wanderung ist ziemlich anstrengend.
via agnano astroni 468, neapel, www.wwf.it, telefon: 081 5883720, geöffnet: fr-so ab 9.30, eintritt: 5 €, bus: c14 ab cumana stazione pianura oder bagnoli, piazza salvemini.

Ausgehen

Neapolitaner lieben das Dolce Vita, das gemeinsame Essen und Trinken. Temperaturbedingt spielt sich das Leben abends größtenteils auf der Straße ab, auch im Winter.

Ⓤ Das schicke **Anema e Core** von Guido Lembo auf der Insel Capri ist bis weit über die Landesgrenzen hinaus bekannt. Manchmal ist der Inhaber selbst zugegen, dessen Ausstrahlung und Energie die Besucher mitreißen. Dann machen alle mit und es wird nach neapolitanischer, italienischer und lateinamerikanischer Musik getanzt und gesungen. Das Einzige, was jetzt zählt, ist, Spaß zu haben. Gutes Essen und Getränke gibt es natürlich auch.
via sella orta 1, capri, www.anemaecorecapri.it, telefon: 081 8376461, geöffnet: mo-so 12.00-23.00, funicolare oder bus

Ⓥ **Kestè** ist ein Lokal für jüngere Kunst- und Kulturinteressierte, viele Gäste sind Studenten der Università Orientale. Neben Liveauftritten von Bands und DJs gibt es diverse andere Veranstaltungen wie Kunstausstellungen, Filmvorführungen, Buchpräsentationen oder Themenabende.
largo san giovanni maggiore pignatelli 4, neapel, www.keste.it, telefon: 081 5513984, geöffnet: täglich 20.00-3.00, u-bahn: università

Ⓦ Schon mal an einem warmen Sommerabend am Strand unter Sternenhimmel bis in die frühen Morgenstunden getanzt? Bei **Arinele Reload**, einer Anlage am Strand mit schönem Garten und Pool, können Sie das tun. Hier finden regelmäßig Konzerte statt, teilweise mit internationalen Stars. Leute kennenlernen, Musik hören, gut essen und trinken – was will man mehr?
via coroglio 14b, neapel, www.arenilereload.com, telefon: 081 0199156, geöffnet: mo-so 9.30-.4.00, bus: r7 oder c1, u-bahn: cumana bagnoli

Ⓧ An der **Piazza Bellini** und in der unmittelbaren Umgebung gibt es zahlreiche Bars und Clubs. In der Via V. Bellini befindet sich zum Beispiel der Jazzclub Bourbonstreet, am Platz selbst das gemütliche Spazio Nea, und etwas weiter, an der Piazza Dante, Perditempo. Überall stehen und sitzen die – vor allem jungen – Leute und plaudern mit einem Glas in der Hand.
piazza bellini, neapel, u-bahn: 1 dante

Ⓨ Wer sehen und gesehen werden will, mischt sich in der **Zona Via San Pasquale in Chiaia** unter die schicken Nachtschwärmer und nippt wie sie an köstlichen Cocktails. Dutzende Bars, Cafés mit und ohne Livemusik bieten sich an. Wer tanzen möchte, sollte die dreistöckige S'Move Light Bar im Vico dei Sospiri anpeilen. Hippe Bars wie das Exterra findet man in der Via Bisignano. Das Bluestone in der Via Alabardieri ist ein gutes Lokal mit Livemusik.
zona san pasquale, neapel, u-bahn: 2 amedeo

Ⓩ Die lange Prachtstraße **Zona Via Aniello Falcone** läuft durch Vomero und gewährt eine grandiose Aussicht auf Stadt und Meer. Auch hier spielt sich das Leben abends vor allem auf der Straße ab, schon deshalb, weil die Bars oft klein sind. Berühmt für gute Cocktails: die Bars One1, Il Barretto und Boomerang.
aniello falcone, neapel, funicolare oder u-bahn: 1 vanvitelli

Alphabetischer Index

Thematischer Index

SHOPPEN

NEAPEL LIVE

Impressum

Dieser 100% Cityguide wurde mit größter Sorgfalt zusammengestellt. mo media ist nicht verantwortlich für eventuelle inhaltliche Fehler. Anmerkungen und/oder Kommentare können Sie gern an **mo media gmbh, Elisabethkirchstraße 17, 10115 Berlin** oder per Mail an **info@momedia.com** richten.

autorin
Iris de Brouwer

fotografie
Ilse Ouwens

übersetzung
bookwerk GbR Köln/München

lektorat
Caroline Kazianka (für bookwerk)

schlussredaktion
Annette Steger, mo media

konzeptgestaltung
Studio 100%

gestaltung & lithografie
MasterColors MediaFactory

kartografie
Van Oort Redactie en Kartografie

100% Neapel
ISBN 978-3-95831-009-4

100% CITYGUIDES

100% TRAVELGUIDES

Ausführliche Informationen zum 100% Programm finden Sie auch auf unserer Homepage unter **www.100travel.de**

Meine 100% Geheimtipps
(Notizen und Ideen)

Folgen Sie uns auf und teilen Sie Ihre eigenen 100% Tipps!

Mehr zu 100% unter: **www.100travel.de**